프로멘탈

마음 근육을 길러주는 스포츠 멘탈코칭

프로멘탈

이영실, 김헌수, 김동기, 이옥희, 백소라, 한정현

예미

**CONTENTS**

스포츠계에서 전설로 불리는 최고의 엘리트 선수들을 하나의 팀으로 묶는다면 과연 최강의 어벤저스 팀이 만들어질 수 있을까?

대한민국 스포츠 일인자들이 전국의 축구 고수들과 대결하여 조기축구계의 전설로 거듭나는 성장 스토리를 보여주는 프로그램이 있다. 바로 〈뭉쳐야 찬다〉라는 프로그램이다. 각 종목의 레전드들이 처음으로 축구에 도전하면서 현역 시절에는 느끼지 못했던 저질체력에, 기본적인 축구의 룰도 모르고 좌충우돌하며 팀이 분열되는 모습을 보여준다.

그러나 프로그램이 1년을 넘기며 오합지졸이었던 팀은 짜임새를 갖춰가고 팀워크가 생기면서 '즐기는 축구'의 모습으로 성장해간다. 변해가는 그들의 모습에서 '역시 전설은 전설이구나!'라는 생각이 절로 든다.

이 프로그램의 초반에는 각자의 종목에서 레전드였던 이들이 새로운 종목에 도전하며 멘탈이 붕괴되고, 그 무너진 멘탈을 다시 잡기 위해 '멘탈 점검'을 하는 모습이 그려지기도 했다. 그때 감독인 안정환은 이렇게 말했다.

"축구에 멘탈이 굉장히 중요한 것 같아요. (…) 어이없이 실점할 때 등 무너진 멘탈을 빨리 뒤집는 게 중요하고, 그래서 세계적인 축구클럽에는 스포츠 멘탈 트레이닝을 담당하는 전문가가 꼭 있어요."

멘탈 트레이닝이 필요한 분야가 축구뿐이겠는가. 다른 스포츠도 마찬가지고 경쟁이 치열한 비즈니스의 세계에서도 멘탈 관리는 중요하다. 더욱이 불확실한 시대를 살고 있는 21세기에 이는 더욱 중요하고 필수적인 요소가 되었다.

필자들은 절체절명의 순간에도 마음의 평정을 유지하며 최고의 퍼포먼스를 발휘하도록 돕는 것을 '프로멘탈(Pro Mental)'이라고 정의한다.

'프로멘탈'은 자신을 온전히 알아가는 것부터 시작한다.

내가 원하는 것은 무엇인가?
나는 지금 어떤 상황에 처해 있는가?
내가 당장 할 수 있는 것은 무엇인가?

이러한 질문을 통해 목표와 현실을 점검하면서 자신의 내적·외적 상황을 인지한다. 선수들은 멘탈 관리를 위해 시합 때마다 이러한 내적·외적 상황에 대한 인지를 하고, 긍정적인 사고를 바탕으로 경기에 임하는 자신의 자세를 반드시 점검해야 한다.

냉혹한 경쟁이 펼쳐지는 스포츠 세계에서는 '강한 자가 살아남는' 것이 아니라 '살아남는 자가 강한 자'가 된다.
그러므로 선수들은 시합을 앞두고 늘 긴장한다. 그러나 똑같이 긴장감을 느끼더라도, 목표의식을 분명하게 하고 평정심을 찾기 위한 멘탈 관리를 어떻게 하는가에 따라 경기 결과는 크게 달라진다.

국가대표팀 선수들의 멘탈코칭을 담당하던 때의 일이다. 중요한 시합을 앞두고 긴장하는 것과 관련해 코칭을 하며 선수들에게 다음과 같은 질문을 던졌다.
"시합 중에 긴장된다고 느껴질 때 자기 자신에게
뭐라고 말해줄래요?"
긴장되는 순간에 평정심을 되찾기 위한
선수들의 답은 각각 달랐다.

A선수: "평소처럼 하자."
B선수: "편안한 마음으로 하자."
C선수: "재미있게 하자."
D선수: "집중하자."
E선수: "팀원에게 방해가 되지 말자."

이렇게 선수들은 평정심을 유지하고 목표를 이루기 위해 자신이 설정한 방법으로 시합 때마다 위기의 순간들을 이겨낼 수 있었다.

다만, "팀원에게 방해가 되지 말자"라고 답한 E선수에게만큼은 멘탈코칭을 통해 '…하지 말자'를 긍정적인 언어로 바꿔보도록 조언을 했고, 그는 "팀원에게 도움이 되자"로 자신의 언어를 바꾸었다. 단지 언어의 표현방식에 변화를 주었을 뿐인데 E선수의 마음가짐까지 달라지는 계기가 되었다. E선수는 훈련을 하면서 매 순간 긍정적인 마음으로 멘탈 관리를 했고, 극도로 긴장되는 실전경기에서도 본인이 말한 것처럼 팀에 도움을 주고 자신의 역할을 충실히 하는 선수가 되어 결국 좋은 결과로 이어졌다.

선수들이 평소 훈련했던 것처럼 실전에서도 최고의 기량을 발휘하기란 말처럼 쉽지 않다. 경기장에는 선수를 응원하는 수많은 관중들과 좀 더 격앙된 상태로 지시하는 코칭스태프들이 있다. 게다가 중계를 하는 경기라면 수많은 카메라가 결정적인 순간의 자신을 비출 것이다. 이런 상황에서 평정심을 유지하기란 쉽지 않다.

올림픽 육상 100m 경기를 생각해보자. 지역예선을 거쳐 본선에 오르기까지 4년 동안 꾸준히 훈련을 하고, 이제 세계적인 선수들과 나란히 출발선에 서 있다. 총성과 함께 시작된 경기는 단 10초 만에 끝나고 만다. 4년의 시간이 10초 안에 결정되는 것이다. 말로 표현할 수 없는 긴장감과 부담감이 얼마만큼의 무게로 온몸을 짓누르고 있을지, 그것은 상상 이상일 것이다.

올림픽을 목표로 하는 선수는 4년의 시간을 오직 그 순간을 위해 인내하고 노력하면서 집중한다. 실전에서 최고의 기량을 발휘하기 위해 감독과 코치에게 지도를 받으며 자신의 실력과 기술을 향상시키고, 끊임없이 연습하고 훈련한다. 체력 향상을 위해 트레이너에게 집중관리도 받는다. 그렇다면 멘탈 관리는 어떻게 하고 있을까?

스포츠 선수와 지도자들은 모두 멘탈 관리의 중요성과 필요성을 잘 알고 있다. 하지만 어떻게 관리해야 하는지 그 방법에 대해서는 많은 어려움을 느낄 것이다. 우리는 선수들이 최고의 퍼포먼스를 발휘해야 하는 그 순간을 위해 프로멘탈 코칭 프로그램을 꾸준히 진행해왔고, 이제 그 노하우를 이 책에 담으려 한다.

어느 정도 궤도에 올라간 선수들은 본인의 자각을 통해서도 지속적으로 실력을 향상해간다. 멘탈 관리도 다르지 않다. 처음에는 전문가인 멘탈코치에게 코칭을 받으며 성장하지만, 실전에서 멘탈이 흔들리는 위기의 순간에 의사결정을 내리고 실행에 옮기는 것은 그 누구도 아닌 선수 자신이다. 그렇기 때문에 그들은 스스로 '프로멘탈'을 가진 선수로 자기 자신을 훈련시켜야 한다.

선수가 바라는 목표를 현실로 이루어질 수 있도록 하는 남다른 마음가짐이 바로 '프로멘탈'이다. 어떠한 경기든, 또 달라진 환경에서도 평정심을 갖고 최고의 실력을 발휘할 수 있는 마음가짐, 그것이 바로 '프로멘탈'이다.

우리 한국스포츠멘탈코칭개발원이 바라는 것도 그것이다. 최고의 퍼포먼스가 필요한 그 순간은 오로지 선수 자신의 몫이다. 선수가 그 순간을 즐기고 최고의 기량을 펼칠 수 있는 마음가짐을 갖게 하는 것, 그것이 바로 우리의 목표이다.
이 책을 통해 그 첫걸음을 시작한다.

2020년 10월
한국스포츠멘탈코칭개발원 집필진

1

프로멘탈
(Pro Mental)

강철 멘탈, 유리 멘탈?

멘탈(mental)의 사전적 의미는 '생각하거나 판단하는 정신' 또는 '정신세계'이지만, 사람들은 보통 멘탈을 강한 정신력, 승부근성, 끈기, 불굴의 정신이라고 생각한다.

다른 분야에서도 마찬가지이지만 특히 스포츠는 기술력을 포함한 체력과 정신력이 복합된 경쟁이며, **"승패를 좌우하는 것은 기술력이 20%, 정신력이 80%"** 라고 한 골프 황제 잭 니클라우스의 말처럼, 경쟁이 치열해질수록 정신력의 비중은 더욱 커진다.

"나는 멘탈이 강해!"

"나는 유리 멘탈이야."

그렇다면, 멘탈은 강하고 약하다고 표현하는 것이 옳은 것일까?

강한 멘탈을 가진 사람은 언제나 강하고, 약한 멘탈인 사람은 항상 약할까?

프로 선수와 아마추어 선수를 통틀어 선수로서 경기장에 설 수 있다는 것은 꽤 높은 수준의 실력을 보유하고 있음을 의미한다. 다시 말하면 선수는 실력과 함께 경기에 임하는 마음가짐이 일반 사람과는 다르다고 할 수 있다.

그렇다면 뛰어난 성적을 거두는 선수는 멘탈이 강할까?

멘탈은 강하고 약한 것이라기보다, '관리'를 잘하느냐 못하느냐에 따라 달라지는 것이 아닐까?

어떤 스포츠 종목이든 레전드로 남는 선수들이 있다.

그 선수들은 어떻게 전설이 되었을까? 야구를 예로 들어보자.

2008년 베이징올림픽 준결승전, 우리는 일본을 상대하게 되었다. 만만치 않은 상
대인 일본. 2-2로 8회까지 팽팽한 경기가 이어졌다.

'해결사'라는 별명을 가진 이승엽 선수이지만, 당시 올림픽에서는 22타수 3안타로
엄청난 부진에 빠져 있었다. 그래도 김경문 감독은 "정말 중요할 때 딱 한 번만 해
주면 된다"며 이승엽을 4번 타자로 밀어붙였다.

극도의 부진을 겪고 있는 선수, 그 선수를 믿어주는 감독.

8회 운명의 순간, 이승엽 선수는 2점 홈런으로 역전승을 만들어냈다.

승패를 가르는 긴박한 그 순간, 자신에게 주어진 절호의 기회를 놓치지 않고 최고의 순간으로 만들어버리는 '찐 선수'.

프로 중의 프로다. 최고의 프로 선수다.

이것이 바로 '프로멘탈'이 발휘된 순간이다.

선수가 바라는 목표를 현실로 이루어질 수 있게 만드는 마음가짐이 '프로멘탈'이다. 누구도 예상하기 힘든 실전에서, 달라진 환경 속에서도 평정심을 유지하고 최고의 실력을 발휘할 수 있는 마음가짐이 바로 '프로멘탈'인 것이다.

멘탈이 흔들릴 때

세계적인 바리스타가 우리나라의 '믹스커피' 맛을 보며 '엄지 척' 했다는 이야기를 들은 적이 있다.

그런데 마법과도 같은 비율로 달달함의 끝판을 보이는 '믹스커피'를 늘 한결같은 맛으로 탈 수 있는 사람이 과연 얼마나 될까? 물 조절 실패, 물 온도 조절 실패, 종이컵인지 머그잔인지에 따라 양 조절 실패 등 여러 가지 이유로 맛이 늘 일정하지 않다.

항상 자신이 예상했던 대로, 생각한 대로 상황이 만들어지지는 않는다.

물 조절에 실패한 커피를 마시며 우리는 이렇게 중얼거린다.

"내 맘대로 되는 것이 하나도 없구나…."

멘탈은 다양한 상황과 과정에 영향을 받기 때문에 종종 '흔들린다'. 멘탈이 흔들리는 근본적인 이유는 **내가 예상했던 것과는 다른 상황, 다른 과정, 다른 결과**와 맞닥뜨렸기 때문일 것이다.

만약 선수가 경기 직전 운동화 끈을 묶는데 끈이 끊어진다면? 자신의 운동장비를 다른 선수가 다가와서 "와~ 장비 좋은데" 하며 만지작거린다면? 그리고 몸을 푸는 상태에서 던진 공이 목표로 한 곳이 아닌 다른 곳을 향한다면 어떤 생각이 들까?

TV 중계를 가장 많이 하는 야구에서 두 가지 사례를 소개한다.

<u>사례 1</u>

A팀과의 경기에서 예상보다 일찍 강판된 투수가 라커로 들어가면서 문을 발로 차는 장면과 B팀과의 경기에서 실점을 한 후 더그아웃에서 글러브를 던지는 장면이 TV 중계 카메라에 잡혔다.

사례 2

10-1로 앞서던 경기에서 상대 팀의 선수가 강습 타구를 때렸을 때 1루 커버에 나선 투수는 상대 선수를 아웃시키려고 했지만 베이스를 제대로 밟지 못하는 실책을 저질렀다. 이후 상대 선수가 도루로 2루를 훔치자 투수는 손가락질을 하며 불쾌감을 표현했다.

앞의 두 사례처럼, 경기 중에 선수가 불만을 과도하게 표현하는 것은 '멘탈'이 흔들리고 있음을 보여주는 것이다.

야구에서, 특히 선발투수에게 '멘탈'은 그 무엇보다 중요하다. 선발투수가 흔들리는 것은 팀에 심대한 타격을 줄 수도 있는 일이다.

야구뿐 아니라 모든 스포츠 선수들은 훈련 중 또는 경기 중에 멘탈이 흔들릴 수 있다.

선수들의 멘탈이 흔들릴 때

1. 심리적으로 위축될 때

2. 우리 팀 또는 내가 실수했을 때

3. 경기력이 떨어질 때

4. 팀워크가 무너질 때

5. 우리 팀이 지고 있을 때

6. 상대 팀이 잘하고 있을 때

7. 체력이 안 좋을 때

8. 동료선수와 소통이 안 될 때

9. 지도자와 의사소통이 안 되거나 갈등이 있을 때

10. 경기장 환경에 적응을 못하거나 심판이 마음에 들지 않을 때

이 밖에도 다양한 이유와 상황으로 선수들은 최상의 실력을 보여주지 못하고 멘탈이 무너진다.

멘붕! 멘탈이 무너질 때

요즘에 사람들이 흔히 쓰는 말 중에 '멘붕'이라는 말이 있다. 멘붕은 '멘탈 붕괴'를 줄인 것으로, 정신이 무너져 내린 상태를 재치 있게 표현한 말이다. 너무 심각한 충격으로 인해 자포자기하거나 감정조절이 안 되는 상태에 있음을 '멘붕'이라는 말로 간단히 표현할 수 있다.

예상했던 것보다 너무 심각하게 성적이 안 나왔거나, 예상치도 못했던 어려움에 부딪혔을 때 선수들도 '멘붕'에 빠진다.

그런데 멘붕은 그 부정적인 의미 그대로 사람들을 그저 무너져 내리게만 하는 것일까? 그렇지 않음을 보여주는 연구 사례가 있다.

한 조사 결과를 보면, 멘붕을 겪은 사람들 중 약 30%는 그것이 '궁극적인 삶의 의미에 거의 영향을 주지 않았다'고 했으나, 약 60%는 '멘붕으로 인한 혼란스러움은 있었지만 결국 자신의 삶을 반성'하게 되었으며, 나머지 약 10%는 '멘붕을 통해 삶에 대한 믿음이 분명해졌다'고 답했다.

결국 멘붕은 70%의 사람들에게 **변화와 지혜를 주는 계기**로 작동한 것이다.

그러므로 멘붕은 '새로운 인생의 의미를 찾을 수 있게 하고, 지혜롭게 만드는 좋은 신호'가 될 수도 있다.

누가 멘탈이 강한 사람이고, 누가 멘탈이 약한 사람일까?

나는 멘탈이 강한 사람인가, 약한 사람인가?

사실, 멘탈이 강한 사람과 약한 사람이 따로 있는 것은 아니다. 누구나 상황에 따라서 멘탈이 강해지기도 하고 약해지기도 한다.

최고의 경기력을 자랑하는 선수나 최고의 퍼포먼스를 내는 선수도 예기치 못한 상황에서 멘탈이 무너질 수 있다. 그들이라고 언제나 멘탈이 강한 것은 아니다.

선수는 자신이 언제 강력한 의욕이 생기는지, 그리고 언제 의욕이 사라지는지를 명확하게 알아차려야 한다. '하고 싶은 의욕'이 사라지면 멘붕 상태에 빠지게 되기 때문이다.

실제 경기에서 멘붕에 빠지면 어떻게 될까? 결과는 불 보듯 뻔하다.

그러나 기울어진 상황에서도 할 수 있는 일은 있다. 바로 다음을 기약할 수 있도록 슬기롭게 지는 경기를 하는 것이다.

초등학교 탁구팀 선수들에게 선생님이 이런 질문을 했다.

"얘들아, 승패를 떠나서 경기 내용에서 이긴다는 것은
무엇일까?"
  "지더라도 끝까지 최선을 다하는 거요."
   "내가 할 수 있는 기술을 다 보여주는 거요."
  "포기하지 않는 거요."
 "집중하는 거요."
"실수해도 남 탓하지 않고 서로 파이팅하는 거요."

스포츠의 세계에서는 영원한 승자도, 영원한 패자도
없다. 끊임없이 이기고 지고를 반복한다.
이기는 경기도 중요하지만 '잘 져야' 한다.

어떤 상황에서도 포기하지 않고 최선을 다하는 것!
이것이 바로 강한 멘탈의 비결이다.

❷

나 자신 찾기

나의 의욕은 어디서 오는가?

어느 날 목적지를 향해 힘차게 배가 출발한다.

그러나 비바람 속에서 거친 파도를 헤치며 항해를 이어가다 보면, 문득 **'내가 왜 저곳을 가려고 했지? 내가 언제까지 가려고 했더라? 어떤 모습으로 그 곳에 도착하려고 했지?'** 하며 처음의 목표가 뚜렷하게 생각나지 않을 때가 있다.

앞에 등대 하나 보이지 않으면 어디로 가야 할지 감조차 잡을 수 없고, 저 멀리 등대가 보인다 해도 어떻게 목적지까지 안전하게 항해해 갈 수 있을지 막막하기만 하다.

내 마음속에 있던 목표가 사라지고, 의욕이 떨어지는 상황은 지금 하고 있는 운동에서도 충분히 벌어질 수 있는 일이다. 이럴 때는 어떠한 계기를 통해 운동을 하고자 하는 의욕과 도전하고 싶은 마음을 다시 찾는 것이 중요하다.

특정한 목표와 방향을 향해 자발적으로 움직이도록 할 수 있는 구체적인 마음의 자극을 주는 일이 필요하다. 이러한 자극은 그 목적지에 자신이 **왜, 언제까지, 어떤 모습으로** 가려고 했는지를 스스로 깨우치도록 만들어준다.

선수들은 치열한 경쟁을 통해 승리의 순간을 맛보기도 하고, 뼈아픈 실패와 실수로 인해 좌절하고 낙담하기도 한다. 최고의 자리에 서기 위해서는 수많은 도전과 경쟁에서 자신과의 싸움을 통해 성장해야만 한다. 이기든 지든 어떤 상황에서도 포기하지 않고, '하고자 하는 의욕'과 '다시 도전하고 싶은 마음'을 갖는 것이 선수에게는 매우 중요하다.

그렇다면 선수들은 언제 도전이나 훈련을 하고 싶은 마음이 들고, 언제 하고 싶은 마음이 사라질까?

선수가 하고 싶은 마음이 들 때	선수가 하고 싶은 마음이 사라질 때
목표가 분명할 때	목표가 좌절되었을 때
집중이 잘될 때	집중이 잘 안 될 때
팀 동료들과 소통이 잘될 때	소통이 안 될 때
컨디션이 좋을 때	컨디션이 나쁠 때
자신감이 넘칠 때	자신감이 떨어질 때
실력(테크닉, 스킬)이 좋아질 때	슬럼프에 빠졌을 때
인정받을 때	비난받을 때

자기 자신의 의욕을 북돋기 위해서 먼저 시도해봐야 하는 것은 '자신에 대해 알아보는 것'이다.

'목표가 무엇인지'
'왜 그것이 목표여야 하는지'
'언제까지 이루고 싶은지'
'어떤 모습으로 이루고 싶은지'

자신의 마음속에 간직하고 있는 크고 작은 모든 것들을 살펴본다.

자신에 대해 알아보는 것은 선수 스스로에게 큰 의미가 있다. 이런 시간은 선수가 다시 운동을 하고 싶도록 마음을 북돋우는 중요한 계기가 된다.

자기 자신을 찾는 기법에는 'T. M. (This is Me)'과 'T. L. (Time Line)'이 있다. T. M.은 과거의 경험 속에서, T. L.은 미래를 통해 자신을 찾아가는 것이다.

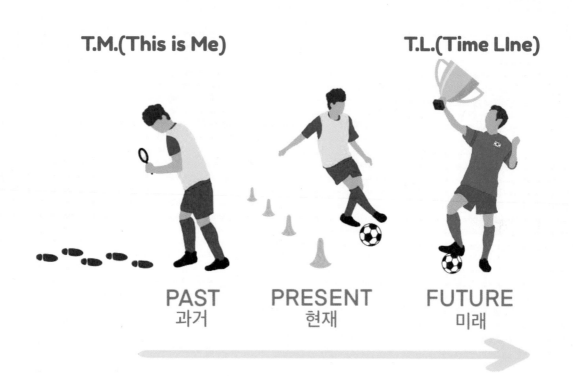

T. M.(THIS IS ME): 과거를 돌아보기

지금까지 살아온 자신의 인생을 돌아보면서 내 인생의 주인공인 내가 그동안 어떻게 살아왔는지, 내가 중요하게 여기는 것은 무엇인지 정리해본다.

그러한 과거의 경험들을 통해 지금의 내가 있고, 그러한 '나'이기에 앞으로의 미래를 위해 당당히 도전할 수 있다는 자신감을 갖게 될 것이다. 무엇보다도 잊고 있던 과거의 자신을 기억함으로써 현재의 자신을 보다 잘 이해할 수 있는 계기가 될 수 있다.

'T. M. (This is Me)' 기법은, 주어진 질문에 답을 하면서 지금까지 살아온 인생의 경험들을 떠올려보고, 내가 중요하게 여기는 가치관이나 인생의 의미를 정리해봄으로써 **자신의 과거와 현재를 연결해보는 기법**이다.

살다 보면 누군가 내 이야기를 묵묵히 들어주었을 때 답답했던 속이 뻥 뚫리는 경험을 하게 된다. 이야기를 하다 보면 생각이 정리되고, 때로는 답이 떠오르기도 한다.

이렇게 질문에 답을 하는 동안 자신의 경험을 되돌아보게 되고, 그 당시에 느꼈던 생각과 감정을 떠올려봄으로써 자기가 소중히 여기는 가치와 신념을 알아차리게 된다.

이것이 **'내가 내 인생의 주인공'**임을 깨닫게 하는 'T. M. (This is Me)' 기법의 특징이다.

프로멘탈 코칭 This is Me

1 지금까지 살아오면서 행복했던(or 즐거웠던 or 기뻤던) 일은 무엇인가?

중학교 2학년 때, 우리 팀이 지고 있는 상황에서 내가 3점 홈런을 쳐서 우리 팀이 역전승을 했는데,

그때 코치님께서 잘했다고 칭찬해주셨다.

2 지금까지 살아오면서 슬펐던(화났던 or 억울했던 or 아쉬웠던) 일은 무엇인가?

엄마와 아빠가 크게 싸우셨다. 그리고 엄마와 단둘이 바다에 갔다.

엄마가 바닷가에서 많이 우셨는데, 지금도 바다에 가면 그 기억이 떠오른다.

3 지금까지 살아오면서 감사한 사람은 누구인가?

부모님, 중2 때 코치님

4 앞의 세 가지 질문에 답변하면서 깨달은 나의 인생에서 내가 중요하게 여기는 것은 무엇인가?

인정받는 것, 부모님을 기쁘게 해드리는 것

1 지금까지 살아오면서 행복했던(or 즐거웠던 or 기뻤던) 일은 무엇인가?

----

2 지금까지 살아오면서 슬펐던(화났던 or 억울했던 or 아쉬웠던) 일은 무엇인가?

----

3 지금까지 살아오면서 감사한 사람은 누구인가?

----

4 앞의 세 가지 질문에 답변하면서 깨달은 나의 인생에서 내가 중요하게 여기는 것은 무엇인가?
(예: 가족, 신뢰, 인정, 존중, 용기, 책임감, 사랑, 1등, 성공, 최초, 자신감, 멘탈, 자존감, 돈, 명예, 의리, 소통, 관계, 배려 등)

선수에게 주는 코칭 tip

- 질문에 답을 할 때는 최대한 편한 장소, 편안한 분위기에서 한다.

- 이러한 삶의 과정을 거쳐 지금의 모습에 이른 사람은 이 세상에 나 하나밖에 없음에 자부심을 갖고, 내 인생의 주인공은 나이며 최고의 인생을 살아왔다는 느낌으로 답을 한다.

- 답을 할 때는 순간 떠오르는 대로, 가장 편안한 마음으로 정말 속이 시원하고 마음이 후련하다는 생각이 들도록, 자기 감정을 두서 없이 주저리주저리 중얼거리듯 표현해도 괜찮다.

- 자세히 설명하거나 내용을 잘 정리하려고 노력할 필요는 없다. 과거의 그때로 돌아간 것처럼 그 감정 그대로를 느끼는 것이 중요하다.

- 답에 대해 평가, 판단, 분석을 하지 않는다.

T. L.(TIME LINE): 미래에서 바라보기

'T. L.(Time Line)' 기법은 생각하는 시점을 '현재'에서 '미래'로 옮겨, 시간 순서에 따라 원하는 시점마다 **자신의 미래 상황을 예상해보는 것**이다.

선수는 타임머신을 타고 인생 전체를 날아가 볼 수도 있고, 목표로 하는 특정 경기까지 날아가 볼 수도 있다. 10년, 4년, 1년, 3개월, 일주일도 가능하다.

예를 들어, 4년 뒤 월드컵이 있다. 앞으로 4년을 어떻게 보내면 좋을까?

이렇게 자신이 원하는 미래의 분명한 목표를 정하고, 타임머신을 타고 그때로 날아가서 월드컵에서 자신이 원했던 목표를 이룬 모습을 생생하게 느껴본다.

또 다른 예로, 당신은 어떤 삶을 살고 싶은가? 100세가 되었을 때, 혹은 삶을 마무리하는 시점이 되었을 때, "내가 잘 살았구나!" 하는 느낌이 들려면 어떻게 살아야 할까?

그 시점에서 보면, 나는 어떤 인생을 살아왔을까? 그때의 내가 현재의 나에게 조언을 해준다면, 어떤 이야기를 해줄 수 있을까?

타임머신을 타고 미래의 원하는 시점으로 가서 나의 삶을 바라보면 지금 현재 내 머릿속에 있는 것과는 다른 것을 느껴볼 수 있고, 다른 나를 찾을 수 있다.

Time Line 프로멘탈 코칭

1 지금 나는 어떤 상황인가?

매일매일 열심히 훈련하고 있는데 실력이 늘고 있는지 잘 모르겠고 답답해요.

2 원하는 미래(목표)는 무엇인가?

올림픽에서 금메달을 따고 싶어요. (2024년 8월)

3 현재 날짜가 쓰여 있는 자리에서 미래의 날짜가 쓰여 있는 자리를 바라보자.
어떤 느낌이 드는가?

멀게만 느껴졌는데 지금 보니까 시간이 얼마 남지 않은 것 같아요.

4 원하는 보폭으로 미래의 날짜가 적힌 곳으로
걸어가 보자.

(선수는 자신의 보폭으로 천천히 걸어간다.)

이제 당신은 원하는 목표를 이룬 미래에 도착했다.
우리는 타임머신을 타고 지금 2024년 파리올림픽이 열리는 경기장에 있다.
무엇이 보이는가?

관중들이 보이고, 코치님, 우리 팀 선수들, 그리고 다른 나라 선수들이 보여요.

실제 'Time Line' 코칭 사례

무엇이 들리는가?

애국가, 사람들이 웅성웅성거리는 소리가 들려요.

어떤 것이 느껴지는가?

가슴이 뜨거워지고, 너무 기뻐요. 땀 냄새도 나고….

5 지금 보이고 들리고 느껴지는 것들을 좀 더 생생하게 그려보자. 어떤 마음이 드는가?

너무 좋아요…. 너무너무 행복해요.

6 지금 그 마음 그 심정으로 목표를 이룬 미래의 내가 걱정하고 있는 현재의 나에게 조언을 해준다면, 뭐라고 얘기해주고 싶은가?

지금 좀 힘들지만 열심히 잘하자. 힘내자, 화이팅!!!

7 자, 다시 시간을 느끼면서 걸어서 현재의 위치로 가보자. 미래의 내가 현재의 나에게 한 조언을 지금 돌아와서 듣게 된다면 어떤 생각이 들까? 뭐라고 답하고 싶은가?

시간을 아끼고 계획을 탄탄히 짜서 작은 목표들부터 달성해나가야겠어요!!!

워크북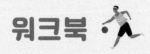

1 지금 나는 어떤 상황인가?

_____
_____
_____
_____

2 원하는 미래(목표)는 무엇인가?

_____
_____
_____
_____

3 현재 날짜가 쓰여 있는 자리에서 미래의 날짜가 쓰여 있는 자리를 바라보자.
어떤 느낌이 드는가?

_____
_____
_____
_____

4 원하는 보폭으로 미래의 날짜가 적힌 곳으로 걸어가 보자.
이제 당신은 타임머신을 타고 원하는 목표를 이룬 미래에 도착했다.
무엇이 보이는가?

무엇이 들리는가?

어떤 것이 느껴지는가?

----

5 지금 보이고 들리고 느껴지는 것들을 좀 더 생생하게 그려보자. 어떤 마음이 드는가?

----

6 지금 그 마음 그 심정으로 목표를 이룬 미래의 내가 걱정하고 있는 현재의 나에게 조언을 해준다면, 뭐라고 얘기해주고 싶은가?

----

7 자, 다시 시간을 느끼면서 걸어서 현재의 위치로 가보자.
미래의 내가 현재의 나에게 한 조언을 지금 돌아와서 듣게 된다면 어떤 생각이 들까? 뭐라고 답하고 싶은가?

선수에게 주는 코칭 tip

- 현재와 미래의 방향을 정한다.

  현재는 '여기', 미래는 '앞' 또는 '오른쪽' 등으로 정해둔다.

- 머리로 판단하지 말고, 생생하게 충분히 느낀다.

  현재, 미래를 표시한 선을 따라 걸으면서 원하는 목표가 이루어진 모습을 생생하게 떠올리고 그때의 기분을 느껴본다. 예를 들어 주변의 소리, 자신의 기분, 선수/감독/트레이너들과 주고받는 이야기, 가족/친구들의 표정, 도와주신 분들께 하고픈 말 등을 구체적으로 떠올린다. 미래에서 그 현장에 있는 것처럼 생생하게 오감으로 느낀다.

- 긍정 에너지를 품고 목표를 설정한다.

  '나는 내 인생의 주인공이다.' '나의 잠재력은 무한하다.' '나의 발전 가능성은 무한대다.' '원하는 미래는 언제든지 만들 수 있다.' '나의 인생은 앞으로 멋지게 펼쳐질 것이다.' 등등의 믿음을 갖고 자신을 응원하고 격려해주는 것은 매우 중요하다.

- 의욕을 한껏 북돋아 도전하고 싶은 마음을 자극한다.

3

멘탈 근육 기르기

경쟁은 언제 시작되는가?

세계의 모든 선수들은 실제 경기에서 최고의 플레이로 최상의 성과를 낼 수 있는 능력을 갖기 위해 매일매일 연습을 하고 있다. 선수 간의 경쟁은 실제 경기보다 **매일매일의 연습**에서 이미 시작되었다고 할 수 있다.

이 경쟁에서 이기기 위한 유일한 방법은 연습의 질을 높여 꾸준하게 내 것으로 만드는 것이다.
질 높은 연습이 쌓이면 최고의 성과를 내는 능력을 갖게 되지만,
이것은 절대로 하루아침에 이루어지지 않는다.

선수 자신이 어떤 의식을 가지고 매일매일의 연습에 임해야 하는지를 매 순간 살펴본다면 연습의 질은 반드시 높아지게 되며, 이런 과정에서 새로운 가능성을 찾을 수 있다.

이렇게 연습의 질을 높이고 새로운 가능성에 도전하는 것은 바로 멘탈을 강하게 만드는 일이다.

멘탈은 근육과 같아서, 매일 연습하면 '멘탈 근육'을 키울 수 있다.

멘탈 근육을 키울 수 있는 기법으로는 멘탈 균형 찾기, 온몸으로 느껴보기, 생각 바꾸기, 루틴, 셀프토크가 있다.

멘탈 균형 찾기

실제 경기에서 최고의 성과를 낼 수 있는 프로멘탈을 갖기 위해서는, 멘탈에 영향을 주는 선수 자신과 선수 주변의 관련된 다양한 부분을 정비하여 균형을 맞추는 것이 필요하다.

그런데 선수는 자신이 전체적으로 균형이 깨진 멘탈을 가지고 있다는 것을 모르는 경우가 많다. 이렇게 선수가 알아차리지 못하는 것을 스스로 찾을 수 있도록 자극을 주는 방법이 '**멘탈 균형 찾기**'이다.

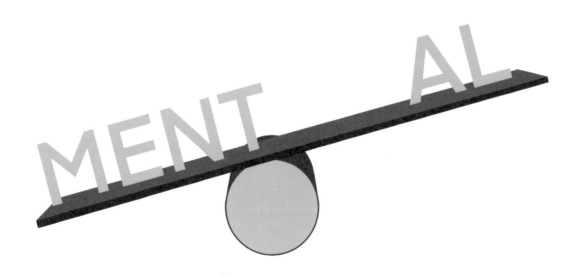

'멘탈 균형 찾기'는 선수가 목표하는 모습으로 가기 위해 어떤 요소를 강화하고, 어떠한 방향과 방법으로 연습을 해야 하는지를 알려주는 기법이다. 선수는 자신의 현재 상황과 더불어 목표하는 모습으로의 발전 방향을 **마치 위에서 내려다보는 것처럼** 전체적으로 조망하여 볼 수 있다.

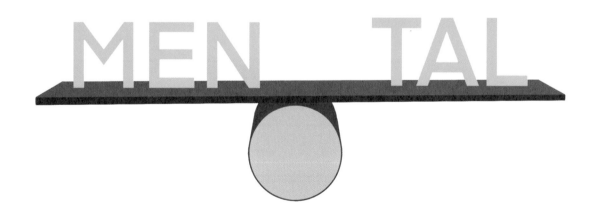

선수가 실제 경기에서 최고의 성과를 내는 데 영향을 주고 선수의 목표를 달성하기 위해 필요한 구체적인 요소들로는 기술상태, 신체상태, 대응력, 프로정신, 열정, 추진력, 긍정적 태도 등이 있다.

'멘탈 균형 찾기'를 통해 자신이 남들보다 더 잘할 수 있는 차별화 항목을 발견하고, 이를 중점적으로 강화·발전시킬 수도 있다. 이에 초점을 맞춘 기법이 **'강점 찾기'**이다.

멘탈 균형 찾기 프로멘탈 코칭

1 실전에서 최고의 성과를 내는 데 영향을 주는 항목들(선수 자신과 선수 주변 관련)을 무엇으로
할지 선택해보자.

대응력, 프로정신, 열정, 도구준비도, 커뮤니케이션, 추진력, 환경적응도, 계획

항목 예시

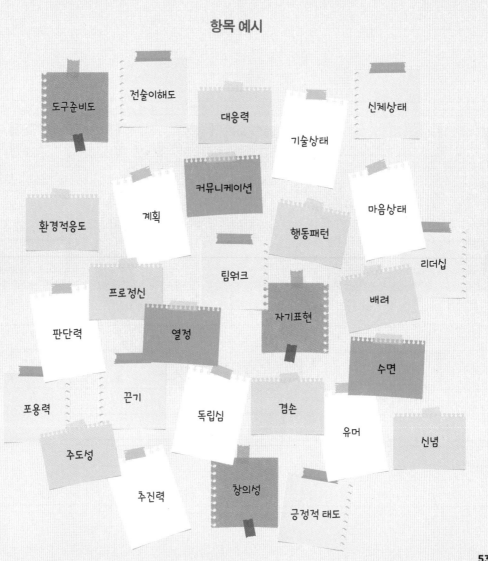

도구준비도 · 전술이해도 · 대응력 · 기술상태 · 신체상태 · 커뮤니케이션 · 마음상태 · 환경적응도 · 계획 · 행동패턴 · 팀워크 · 리더십 · 프로정신 · 배려 · 자기표현 · 판단력 · 열정 · 수면 · 포용력 · 끈기 · 독립심 · 겸손 · 유머 · 신념 · 주도성 · 추진력 · 창의성 · 긍정적 태도

2 위에서 정한 항목을 빈칸에 적어보자.

- 각각의 항목에 1~10점까지 점수를 표시한다.

3 각 항목에 자신의 현재 수준 혹은 현재의 만족도를 표시하고, 그 선을 연결한다.

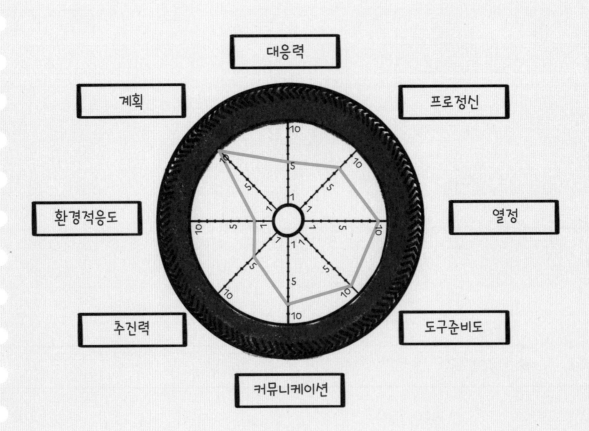

4 '멘탈 균형 찾기' 기법으로 점검해본 현재 수준 혹은 만족도에 대한 느낌을 표현해보자.

아직은 부족한 부분이 많이 있어요.

커뮤니케이션~프로정신에서는 괜찮지만, 다른 항목에서는 균형이 많이 깨져 있음을 알았어요.

5 균형을 맞추기 위해 앞으로 무엇을 개발하고 실행해야 할지를 생각해보자.

- 많이 부족한 항목, 약간 보완이 필요한 항목, 더 잘할 수 있는 항목으로 분류한다.

① 많이 부족한 항목 – 환경적응도, 추진력

② 약간 보완이 필요한 항목 – 커뮤니케이션, 대응력, 프로정신

③ 더 잘할 수 있는 항목 – 도구준비도, 열정, 계획

- 위에서 세 가지로 분류한 것 중 실전에서 최고의 성과를 내기 위해 가장 먼저 개발하고 실행하고 싶은 부분은 어디인가?

커뮤니케이션, 프로정신

- 그 부분을 선택한 이유가 있다면 무엇인가?

약간 보완이 필요한 항목부터 먼저 짧은 시간 내에 향상을 시키고 싶어요.

6 각 항목별로 어떤 방향과 어떤 방법으로 개발하고 실행할지에 대해서 구체적으로 정해보자.

경기 중에 감독님, 동료들과 더 많이 소통하고 싶어요.

워크북

1 실전에서 최고의 성과를 내는 데 영향을 주는 항목들(선수 자신과 선수 주변 관련)을 무엇으로 할지 선택해보자.

---

2 위에서 정한 항목을 빈칸에 적어보자.
- 각각의 항목에 1~10점까지 점수를 표시한다.

3 각 항목에 자신의 현재 수준 혹은 현재의 만족도를 표시하고, 그 선을 연결한다.

4 '멘탈 균형 찾기' 기법으로 점검해본 현재 수준 혹은 만족도에 대한 느낌을 표현해보자.

---

5 균형을 맞추기 위해 앞으로 무엇을 개발하고 실행해야 할지를 생각해보자.
- 많이 부족한 항목, 약간 보완이 필요한 항목, 더 잘할 수 있는 항목으로 분류한다.

① 많이 부족한 항목 –

② 약간 보완이 필요한 항목 –

③ 더 잘할 수 있는 항목 –

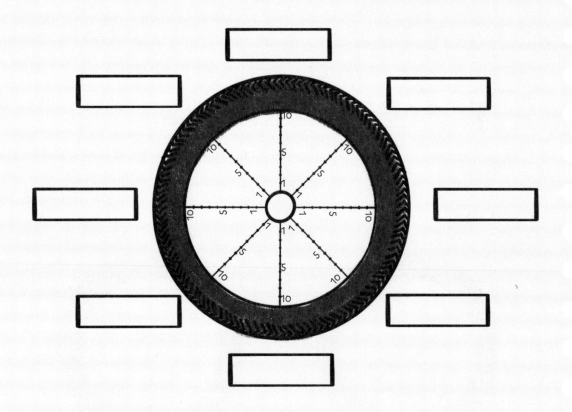

- 위에서 세 가지로 분류한 것 중 실전에서 최고의 성과를 내기 위해 가장 먼저 개발하고 실행하고 싶은 부분은 어디인가?

- 그 부분을 선택한 이유가 있다면 무엇인가?

----

6 각 항목별로 어떤 방향과 어떤 방법으로 개발하고 실행할지에 대해서 구체적으로 정해보자.

〈예시〉

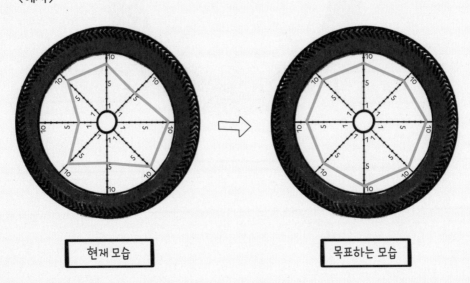

현재 모습 → 목표하는 모습

선수에게 주는 코칭 tip

'멘탈 균형 찾기' 기법에서는, 현재 수준에서 목표하는 모습이 되려면 어떻게 가야 할지를 각 항목에 대해서 포스트잇을 붙이는 방법으로 진행하면 훨씬 쉽게 할 수 있다.

온몸으로 느껴보기

'온몸으로 느껴보기' 기법은 실전에서 최고의 성과를 내기 위해 감각기관을 동원하여 **평상시와는 다른 의식이나 마음상태에서** 새로운 것을 찾을 수 있게 하는 것이다.

예를 들어 야구선수의 경우는, 공을 칠 때 다음과 같은 매우 세밀한 것들을 느껴보게 한다.

Visual   **Auditory**   **Kinesthetic**

무엇이 보이고, 어떤 소리가 들리는가?

몸의 느낌은 어떻고, 배트 손잡이의 감촉은 어떠한가?

신발을 통해 느껴지는 흙의 감각은?

공이 날아오는 소리는 어떠한가?

배트를 휘둘렀을 때 나는 소리는?

스윙을 할 때 체중은 어디에서 어디로 이동하는가?

체중 이동할 때의 느낌은 어떠한가?

선수는 지금껏 매우 익숙하여 전혀 관심을 갖거나 의식하지 않았던 것에서부터 **그동안 한 번도 느껴보지 못한 몸의 감각**을 느끼게 되고, 상상하지 못한 경험을 하게 된다. 그 결과 선수는 새로운 감각을 발견하게 된다.

워크북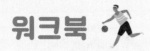

선수가 가장 중요하다고 생각하거나 신경이 쓰이는 동작이나 상황을 정하고, 그 동작이나 상황을 직접 몸을 움직여서 재연해본다. 온몸으로 그 동작이나 상황을 최대한 느낄 수 있도록 최선을 다한다.

1 (그 동작에서, 그 위치에서) 지금 무엇이 보이는가? 어떻게 보이는가?
- 흑백인가, 컬러인가? 가까이 있는가, 멀리 있는가? 밝은가, 어두운가? 위치는? 크기는 어떠한가?

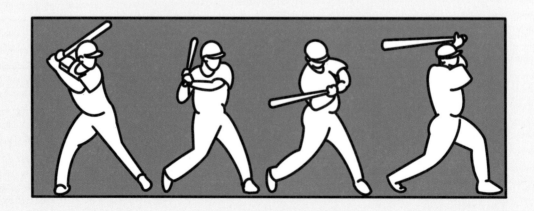

2 지금 무슨 소리가 들리는가? 어떤 소리인가?

- 소리가 나는 방향은 어디인가? 잘 들리는가? 소리가 큰가, 작은가? 높은 소리인가, 낮은 소리인가? 빠른 소리인가, 느린 소리인가?

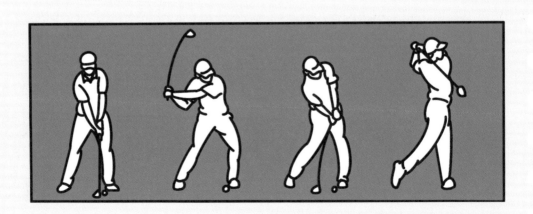

3 지금 무엇이 느껴지는가? 어떤 느낌인가?

- 촉감이 어떠한가? 온도는 어떠한가? 강도나 무게는? 냄새나 맛은 어떠한가?

선수에게 주는 코칭 tip

- 직접 움직이면서 동작을 떠올리는 것이 좋다.

  야구라면 스윙을 하거나 실제 경기장에서의 동작을 구체적으로 세분화하고 집중해서 온몸의 감각을 모두 활용하여 작고 섬세한 것들을 느껴보는 것이다. 그때의 경기장과 상대 선수들, 관중들, 운동장의 냄새나 소리들을 가능한 한 생생하게 떠올려본다.

- '온몸으로 느껴보기'에서 하는 질문에는 정해진 순서가 없다.

- '온몸으로 느껴보기'에서 하는 질문은 '네', '아니오'로 답하는 형식의 닫힌 질문이 아니라 선수의 느낌을 맘껏 얘기할 수 있는 열린 질문이어야 한다.

- 운동선수는 많은 경우 촉각에 더욱 민감하다. 촉각부터 먼저 느껴보는 것이 좋다.

- '온몸으로 느껴보기'를 통해서 느낀 감각이 사실인가 아닌가는 중요하지 않다.

  의식하지 못했던 것으로부터 무엇인가를 느꼈다는 것도 큰 성과이며, 이를 통해서 발전할 수 있는 가능성은 무한하다.

- 같은 동작이나 상황이라도 온몸으로 느끼는 것은 사람마다 모두 다르다.

생각 바꾸기

선수는 경기장에 들어섰을 때 그동안 상상했던 것과 무언가 다르거나, 계획한 대로 되지 않으면 순간 당황하고 불안감을 느끼게 된다. 이때 선수는 재빨리 이러한 상황이 벌어진 이유를 파악하고, 혼란스러운 현재의 상황에서 벗어나 자신이 원하는 상태로 만들기 위한 '무엇'을 해야만 한다.

'생각 바꾸기'는 바로 이때를 위한 기법이다.

테니스 선수 A는 평소에 상대하기 힘든 유명 테니스 선수와 경기하게 되었다.
이때 A선수는 어떤 마음을 가졌을까?
질 것 같다는 생각을 먼저 했을까?
아니, 오히려 그 반대였다. A선수는 이렇게 생각했다.

"이번 기회가 아니면 언제 저 선수와 경기를 해보겠어? 만약에 내가 이긴다면 나는 단숨에 유명해질 거야!"

상황은 그대로지만 나의 생각을 바꾸는 것이다.

지금까지의 경기에서 좋은 상태나 좋지 않은 상태를 경험한 것은 선수 자신이다. 그러므로 선수는 **이 두 가지 상태의 차이를 알고 있다.**

그런데 이것을 구체적으로 생각해보거나 느낌의 차이를 비교해본 적은 없을 것이다.

이제부터 자신의 오감을 통해 조금의 차이라도 찾을 수 있다면, '좋지 않은 상태'를 '좋은 상태'로 만들 수 있다.

'생각 바꾸기 기법'은 이와 같이 좋지 않은 상태에서 좋은 상태로 '생각의 전환'을 하는 것이다.

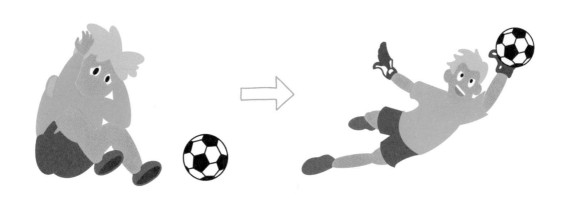

좋지 않은 상태   **좋은 상태**

워크북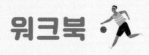

좋은 상태

1 시선은 어디를 보고 있는가?

무엇이 보이는가?

또, 무엇이 보이는가?

---

2 어떤 소리가 들리는가?

소리의 크기는 어떠한가?

또 어떤 소리가 들리는가?

---

3 어떤 것이 느껴지는가?

어떤 향기가 나는가?

몸의 중심은 어디에서 느껴지는가?

좋지 않은 상태

좋은 상태에서와 동일한 질문을 한다.

1 시선은 어디를 보고 있는가?

무엇이 보이는가?

또, 무엇이 보이는가?

---

2 어떤 소리가 들리는가?

소리의 크기는 어떠한가?

또 어떤 소리가 들리는가?

---

3 어떤 것이 느껴지는가?

어떤 향기가 나는가?

몸의 중심은 어디에서 느껴지는가?

생각 바꾸기

1 좋은 상태에 대한 질문에 답을 하면서 어떤 힌트를 얻었는가?

----

2 새롭게 해보았다면 잘되었을 것 같은 느낌이 드는 것은 무엇인가?

----

3 약간만 바꾸면 되겠다고 생각되는 것이 있다면 그것은 무엇인가?

----

4 좋지 않은 상태에서 새롭게 해본다면 잘될 것 같은 느낌이 드는 것은 무엇인가?

선수에게 주는 코칭 tip

- 반드시 '좋은 상태'부터 먼저 떠올린다.

- 좋은 상태와 좋지 않은 상태 간의 차이가 너무 심하게 나지 않도록 한다.

- '생각 바꾸기' 기법의 목적은 두 상태에서 가능한 한 동일한 장면을 비교하여 '아하, 이 부분

  에서 차이가 있었군' 하는 것을 찾는 것에 있다.

  이것이 바로 '생각 바꾸기' 기법의 포인트이다.

- 두 상태의 차이점은 2~3개 정도 찾아두는 것이 좋다.

루틴

'알람 소리와 함께 눈을 뜨고, 시원한 물 한잔을 마시며, 상쾌한 기분을 느낄 수 있는 음악을 들으며 정신을 깨운다.'
누구나 사소한 일상에서도 자신만의 행동 패턴이 있다.

지금까지와는 다른 변화된 행동 패턴을 만들게 되면, 내용이 바뀌었기 때문에 그 결과도 바뀌게 된다. 따라서 다른 방법으로 행동에 변화를 줄 때 성공 가능성이 높아진다.
온몸의 느낌을 동원하여 변화시킬 행동을 찾는 것은 잘못된 행동을 찾는 것은 아니며 최고의 상태를 유지하기 위한 셀프체크를 하는 것이다.

위에서 말한 행동 패턴들의 조합을 달리 표현하면 **'루틴(Routine)'**이다. 운동 선수들이 최고의 운동수행능력을 발휘하기 위하여 습관적으로 하는 동작이나 절차를 루틴이라고 한다.

운동선수들에게 루틴이란, **'최상의 운동능력을 발휘하는 데 필요한 이상적인 몸상태를 갖추기 위해 실행하는 자신만의 고유한 동작이나 절차'**를 말한다. 선수들은 원하는 목표를 달성하기 위해 자신의 상태에 맞게 의도적으로 루틴을 설계한다.

루틴은 경기에 대한 불안감을 없애고, 집중력을 높이며, 반복연습을 통해서 습관화되었기 때문에 심리적인 편안함과 안정감을 가져다주는 등 긍정적인 영향을 갖고 있다.
그러므로 루틴은 선수의 멘탈 컨디션을 최적의 상태로 올리기 위해 만드는 것이다.

그렇다고 반드시 루틴이 있어야만 하는 것은 아니다. 선수 자신이 좋은 성과를 내기 위해서 루틴이 필요하다고 느낄 때, 자신에게 맞는 루틴을 만들면 된다.

나달의 서브 루틴

- 땅을 고른다.
- 라켓으로 두 발을 턴다.
- 엉덩이에 낀 바지를 뺀다.
- 양 어깨를 만진 뒤 귀와 코를 번갈아 만진다.
- 공을 튕긴다.

박태환 선수는

경기 시작 전 항상 헤드폰을 이용해 음악을 청취하며,
경기를 기다린다.

야구선수 박○○의 루틴

- 타석에서 방망이를 우측 겨드랑이에 낀다.

- 양쪽 장갑을 조인다.

- 헬멧을 벗어 땀을 닦은 뒤 얼굴을 아래에서부터 위로 훑는다.

- 타격 자세를 잡는다.

- 마무리로 땅에 자기만의 선을 그은 뒤, 투수의 공을 기다린다.

(매우 번거로운 동작이지만 투수와 1구, 1구 상대할 때마다 이 동작을 반복한다.)

프로멘탈 코칭 효과적인 루틴 만들기(골프선수 사례)

1 루틴을 만드는 것을 통해서 이루고 싶은 것(목표)이 무엇인가?

완벽한 드라이버 샷

2 목표 달성을 위해 반드시 필요한 동작(활동)은 무엇인가?

타깃 방향으로의 조준선 정렬을 잘한다.

3 그 동작을 잘하기 위해 필요한 구체적인 행동은 어떻게 만들면 될까?

상상의 조준선을 그리고 오차를 줄이도록 티와 드라이버 면을 직각으로 정렬하게 한다.

4 무의식 중에도 자연스럽게 수행할 수 있는 루틴을 만들어보자.

스윙 때마다 티와 드라이버 면이 직각이 되도록 머릿속에서 그려보고 티에 공을 얹는다.

5 지금 만든 루틴이 괜찮은지 계속 몸을 움직이면서 시험해보자.

조준선을 잘 정렬할 수 있는 부분을 반복 연습하여 이것을 루틴으로 만들어볼게요.

_____

_____

_____

6 루틴을 만들고 움직여보면서 목표달성에 적합한지 확인해보자.

루틴을 반복하여 몸에 스며들게 해야겠어요.

_____

_____

_____

7 확인이 끝난 루틴을 반복해서 연습한다. 습관화하려면 어떻게 하는 것이 좋을까?

매일 연습 때마다 루틴대로 움직여서 익숙하게 해볼게요.

_____

_____

_____

워크북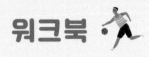

1 루틴을 만드는 것을 통해서 이루고 싶은 것(목표)이 무엇인가?

---

2 목표 달성을 위해 반드시 필요한 동작(활동)은 무엇인가?

---

3 그 동작을 잘하기 위해 필요한 구체적인 행동은 어떻게 만들면 될까?

---

4 무의식 중에도 자연스럽게 수행할 수 있는 루틴을 만들어보자.

---

5 지금 만든 루틴이 괜찮은지 계속 몸을 움직이면서 시험해보자.

---

6 루틴을 만들고 움직여보면서 목표달성에 적합한지 확인해보자.

---

7 확인이 끝난 루틴을 반복해서 연습한다. 습관화하려면 어떻게 하는 것이 좋을까?

선수에게 주는 코칭 tip

- 루틴은 성과에 따라서 나에게 맞게 얼마든지 바꾸고 변화시킬 수 있다.

  대내외적 요인이나 달성목표 등에 변화가 있을 때는 루틴을 점검하고 적절하게 변화시키는

  것이 좋다.

- 루틴 만들기 예시

  - 몸의 일부를 이용한다. (예: 주먹을 불끈 쥔다, 코를 만진다)

  - 특정 행동을 한다. (예: 발을 구른다, 먼 곳을 응시한다, 미소를 짓는다)

  - 소품을 활용한다. (예: 모자를 만진다, 방망이를 두드린다)

셀프토크

프로멘탈을 갖기 위해서는 무엇보다도 긍정적으로 생각하고 행동하는 것이 중요하다.

자신의 현재 상태를 알아차리고 원하는 상태를 만들기 위해서 생각과 감정 및 신체감각을 조절하는 힘을 키워야 한다.

여기서 말하는 '힘'이 바로 멘탈이고, 그것을 키우기 위한 방법으로 '셀프토크(Self-Talk)'가 있다.

이는 '자신과의 커뮤니케이션'으로, 다음 세 가지 질문을 통해 연습해볼 수 있다.

지금 무슨 일이 일어나고 있는가?
나는 정말 어떻게 되고 싶은가?
그것을 위해 내가 당장 할 수 있는 것은 무엇인가?

이 세 가지 질문은 스스로에게 묻고 답하는 과정을 통해 자기 안의 생각을 발견하고 정리할 수 있도록 도와준다.

즉 셀프토크의 습관화를 통해 좋은 멘탈을 만들 수 있다.

셀프토크는 건강하고 좋은 멘탈을 갖게 하는 최선의 방법이다.

셀프토크의 간단한 예

지금 무슨 일이 일어나고 있는가?

긴장이 되어 너무 떨린다.

정말 어떻게 되고 싶은가?

편안한 마음을 갖고 싶다.

그것을 위해 내가 당장
할 수 있는 것은 무엇인가?

심호흡을 하고 미소를 짓는다.

셀프토크를 하면?

1. 지금 내가 어떤 상황인지를 파악하게 되고,

2. 내가 원하는 것이 무엇인지를 다시 인지하게 되며,

3. 그것을 위해 당장 내가 할 수 있는 것을 실행하게 된다.

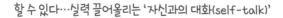

할 수 있다···실력 끌어올리는 '자신과의 대화(self-talk)'

2016년 브라질 RIO(리우) 올림픽 남자 에페 개인전 결승전에서 박상영(22) 선수는 10대 14로 뒤져 있었다. 한 점만 더 내주면 은메달에 만족해야 하는 상황이었다. 이때 박상영 선수는 조용히 "할 수 있다"는 말을 반복 해서 읊조렸다. 그리고 상대편의 공격을 모두 피해내고 연이어 5점을 따내며 기적 같은 역전 우승을 차지했다. 패배를 눈앞에 둔 상황에서 "할 수 있다"는 혼잣말을 반복한 박상영 선수의 self-talk가 큰 효과를 발휘한 것 이다.

(출처: 조선일보, 2017. 1. 17.)

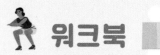

워크북

1 지금 나에게 무슨 일이 일어나고 있는가?

_____

_____

_____

_____

_____

2 나는 정말 어떻게 되고 싶은가? (내가 간절히 원하는 것은 무엇인가?)

_____

_____

_____

_____

_____

3 그것을 위해 내가 당장 할 수 있는 것은 무엇인가?

_____

_____

_____

_____

_____

피크 퍼포먼스
(Peak Performance)

최고의 순간을 만들려면?

피크 퍼포먼스(Peak Performance)는 어떤 일을 할 때 가장 효율적으로 기능을 발휘할 수 있도록 사람의 정신이 최적화되어서 기량의 발휘가 최고치에 이르는 상태를 말한다. 스포츠에서는 **'절정에서 맛볼 수 있는 최상의 쾌감'**이라는 의미로 사용하기도 한다.

평상시에는 자신의 전략, 기술, 컨디션과 멘탈 등을 계속해서 최상 상태로 유지하는 것을 습관화하기 위해 연습을 반복하고, 경기 일정이 가까워지면(예: 일주일 전부터) 지금까지 해왔던 연습 내용과 상태를 세밀하게 점검하며 실제 경기에 대비한다.

연습의 목적은 실제 경기에서 선수가 가진 능력을 충분히 발휘할 수 있게 하는 것이다. 연습과 실제 경기가 차이가 없도록 선수는 평정심을 유지하여 자신이 원하는 성과를 낼 수 있어야 한다.

최고의 선수는 어떤 상황에서도 흔들리지 않는 멘탈을 가지며, 멘탈이 잠시 흔들리더라도 다시 정상화할 수 있는 자신만의 노하우를 가지고 있다.
실제 경기에서 전략, 기술, 체력 등에 차이가 없을 경우 경기의 승패는 **선수가 멘탈 관리를 어떻게 했는가**에 크게 좌우된다.

예를 들어, 어떤 선수들은 실전에서 연습과는 달리 기대 이하의 결과를 내기도 한다. 경기 중에 자신의 감정(멘탈) 관리를 잘 못해서 제대로 실력발휘를 하지 못하기도 한다.

"연습 때는 잘되다가 시합에만 나가면 긴장해서 엉망이 돼요."
"상대팀에게 역전이 되면 너무 화가 나서 집중력을 잃어버려요."

그러므로 선수들은 실제 경기 직전과 경기 중에 다음 사항을 기억하고 반드시 지키도록 하자.

- 경기에 몰입할 수 있도록 자신의 멘탈을 점검하고 경기에 집중해야
  한다.
- 최상의 멘탈 상태인 '플로우(Flow)/존(Zone) 상태'가 되도록 자신의
  멘탈을 관리해야 한다.
- 호흡과 텐션의 조절을 통해 경기에 대한 몰입이 유지되고 강화될 수
  있도록 해야 한다.

몰입

몰입은 '어떤 자극에도 현재에 집중하는 능력', 즉 **고도의 집중 상태**를 말한다. 무아지경에 들어가 집중한 상태이며, 최상의 기분 속에서 최고의 능력을 발휘하는 최적화된 의식 상태이다.

선수는 어떤 상황에서든 최상의 능력을 발휘하여 최고의 성과를 낼 수 있도록 마음속의 잡다한 감정이나 생각을 지우고 자신이 해야 할 일에 몰입하는 것이 중요하다. 이를 위한 유일한 길은 '연습을 실전같이, 실전을 연습같이' 하여 의식적인 연습을 반복하는 것이다.

손흥민 선수는 경기에 몰입하기 위해 시즌 중에는 수도승 같은 삶을 살고, 오로지 축구만 생각하고 축구를 잘하기 위해서만 노력한다고 한다.

심리학자 미하이 칙센트미하이(Mihaly Csikszentmihalyi)는 "몰입은 우연히 찾아오는 것이 아니며, 명확한 목적과 적극적 사고를 가진 사람만이 경험할 수 있다"고 하였다.

명확하고 적극적인 사고는 몰입에 이르게 하고, 이것이 최고의 퍼포먼스로 이어지게 하는 것이다.

〈생활의 달인〉이란 TV 프로그램에는 온갖 종류의 달인들이 나온다. 그들의 공통점은 자신의 일에 몰입을 하고 이것을 긍정적으로 즐기면서 또 남들보다 몇 배 더 잘한다는 것이다. 즐기면서 잘하는 것, 바로 이것이 몰입의 최고 경지가 아닐까?

플로우(flow)
심리학자 미하이 칙센트미하이는 몰입을 학문적으로 정립하였고,
몰입 상태를 '플로우'라고 처음으로 명명하였다.
플로우란, 행위에 깊게 몰입하여 시간의 흐름이나 공간,
더 나아가서는 자신에 대한 생각까지도 잊어버리게 되는 심리적인 상태를 말한다.

프로멘탈 코칭 몰입(축구선수 사례)

1 어떤 환경이 집중할 수 있는 환경인가?

덥지 않고 몸이 가벼울 때

2 집중이 안 되는 환경은 어떤 환경인가?

덥고 습할 때

3 경기 중 가장 집중이 잘되는 시간대는 언제인가?

전반전 20분부터 후반전 30분 정도

4 경기 중 집중이 안 되는 시간대는 언제인가?

끝나기 15분 전 정도

5 무엇을 하면 경기에 집중할 수 있는가?

"할 수 있다. 내가 최고다!!"라는 자기주문을 외울 때

---

6 무엇을 제거하면 경기에 집중할 수 있는가?

실수한 것을 자꾸 떠올리는 것을 제거. 즉시 잊어버려야 한다.

---

7 집중력을 올리기 위해 무엇을 하고 있는가?

경기에 몰두한다. 오로지 경기 생각만 한다.

---

8 집중력을 올리기 위해 새롭게 하고 싶은 것이 있다면 무엇인가?

모든 것을 좋게 긍정적으로 생각하기!!

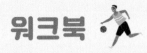

1 어떤 환경이 집중할 수 있는 환경인가?

....
....
....

2 집중이 안 되는 환경은 어떤 환경인가?

....
....
....
....

3 경기 중 가장 집중이 잘되는 시간대는 언제인가?

....
....
....
....

4 집중이 안 되는 시간대는 언제인가?

....
....
....
....

5 무엇을 하면 그것(운동, 훈련, 시합)에 집중할 수 있는가?

----

6 무엇을 제거하면 그것(운동, 훈련, 시합)에 집중할 수 있는가?

----

7 집중력을 올리기 위해 무엇을 하고 있는가?

----

8 집중력을 올리기 위해 새롭게 하고 싶은 것이 있다면 무엇인가?

IN THE ZONE

'In the Zone'은 최고의 정신상태, 즉 **최고의 멘탈을 가진 상태**에 있음을 의미한다.

존(Zone)의 상태는 몰입(집중)이 적당하게 균형을 이룬 최고의 퍼포먼스에 도달한 상태다.

존 상태에 들어가면 골프선수는 퍼팅 라인이 완벽하게 보이면서 홀이 맨홀 뚜껑만 한 크기로 보이게 된다고 하고, 야구선수는 투수의 공이 축구공 만하게 보이면서 환상적인 홈런을 치게 된다고도 한다.

존 상태에 들어간 선수는 **긴박하고도 짧은 순간이 슬로우 비디오처럼 느리게 느껴지고, 상황판단력은 높아져서** 최상의 실력발휘를 하게 되는 것이다. 이와 함께 경기에 대한 불안감은 사라지고 자신감이 상승하여 집중력도 높아진다.

자신감과 집중력이 충만한 존 상태로 들어가기 위해서는, 예를 들어 경기가 시작되기 전에 '해야 할 일'과 '생각해야 할 것'을 떠올려보는 것 등이 도움이 된다.

그리고 경기에 몰입하고 있는 자신의 모습을 천천히 최대한 생생하게 **이미지 트레이닝(Image Training)**을 한다. 이미지 트레이닝을 할 때는 전체 경기 모습을 그려보거나 경기 중 특정 장면을 확대해서 그려보는 것도 좋다.

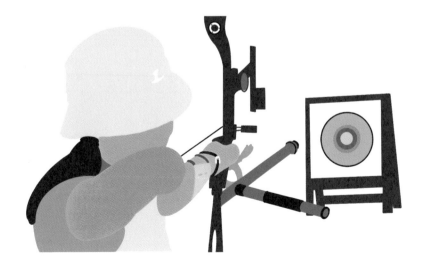

이미지 트레이닝은 멘탈 트레이닝(Mental Training), 멘탈 리허설(Mental Rehearsal), 멘탈 프랙티스(Mental Practice) 등으로도 불린다.

이것은 선수가 경기장에서 마주할 어떤 상황에 대해서 오감을 통해서 느껴보고 그것을 시각화하여 머릿속으로 미리 이미지로 그려보는 연습을 하는 것이다. 실제 경기상황에 대비하는 훈련을 할 때 이 방법을 활용하면 기술의 향상과 더불어 훈련의 효과를 극대화시킬 수 있다.

이미지 트레이닝을 한 선수는 때때로 경기를 하면서 **'이 상황은 내가 머릿속으로 그려봤던 바로 그 장면이다'**라고 느끼는 순간을 마주할 때가 있다.

이처럼 이미지 트레이닝은 미리 시각화했던 경기장면과 실제 경기장면에서 같은 감정이나 행동을 만들어낼 수 있기 때문에 퍼포먼스를 향상시키는 데 큰 효과를 나타낸다.

프로멘탈 코칭 이미지 트레이닝(축구선수 사례)

대학축구 4강을 앞두고 있는 축구선수를 코칭한 사례이다.
박성현(가명) 선수는 내년 프로팀에 입단할 계획을 가지고 있다. 이 선수는 이번 경기에서 4강을 결정 짓는 쐐기골을 넣고 싶다고 했다. 그래서 박성현 선수에게 그에 대한 이미지를 먼저 머릿속으로 그려 보도록 했다.

1 '나는 이번 경기에서 4강을 결정짓는 쐐기골을 넣는다'는 목표와 관련해서 어떤 장면이 떠오르 는지 눈을 감고 그려보세요.
자신의 주위를 둘러보세요. 무엇이 보이고 무슨 소리가 들리고 어떤 냄새나 어떤 촉감이 느껴 지나요? 쐐기골이 들어가는 순간 어떤 것을 느끼나요?

골을 넣어서 엄청난 짜릿한 쾌감을 느껴요. 크게 소리 지를 것 같아요.

2 쐐기골이 들어가는 모습을 다시 한번 머릿속에 그리고 그 장면에 초점을 두면서 그 느낌이 더 욱 강렬해지도록 집중해보겠습니다.
성현 선수는 그 장면을 더 빨리 혹은 더 느리게 할 수 있습니다. 색은 더 선명하거나 희미하게 만들어보세요. 가장 마음에 드는 밝기를 만들어보세요. 들리는 소리와 잡음을 더 크게 혹은 좀 더 작게 조절해보세요. 모든 소리를 가장 마음에 드는 크기로 만들어보세요.
쾌감을 느끼는 곳이 정확하게 어느 부분인가요?

가슴 중앙입니다. 가슴이 울렁거리고 뜨거워집니다. 제 자신이 자랑스럽습니다.

3 골을 넣기 위해 골대로 질주하는 모습을 다시 한번 떠올려보세요. 그리고 이런 짜릿한 느낌이 몸 전체로 퍼지도록 만들어보세요. 어떤 이미지나 움직임 또는 강렬한 소리를 발견할지도 모릅니다.

제 몸은 가볍고 골대로 향하고 어시스트 받은 공이 발끝에 자석처럼 끌려와서 힘차게 슛을 날렸습니다.

환호하는 소리와 웃으면서 소리치며 달려오는 우리 팀 선수들의 모습이 보입니다.

저는 힘차게 두 주먹을 불끈 쥡니다. 드디어 해냈다!!!

----

4 골을 넣고 짜릿함을 느꼈을 때 환호하는 소리와 웃으면서 소리치며 달려오는 우리 팀 선수들을 떠올리고 몸을 움직여보세요.

(박성현 선수는 골을 넣고 상기된 표정으로 얼굴이 환해지면서

두 주먹을 꽉 쥐었다.)

----

5 박성현 선수는 지금 이 체험을 경기 중에 반드시 다시 할 수 있다는 것을 알고 있습니다. 지금 쐐기골을 넣는 시점으로 돌아갈게요.

눈을 다시 뜨세요. 팔과 다리를 흔들어보세요. 다시 한번 지금 떠올렸던 장면과 환호하는 소리, 웃으면서 소리치며 달려오는 팀 선수들을 떠올리고 힘차게 두 주먹을 불끈 쥐어볼게요.

네, 떠올려졌어요. 그 감정이 느껴져요.

처음에는 어색하고 쑥스러웠는데 코칭님 목소리 들으며 다시 떠올리니까 다시 짜릿함이 느껴졌어요.

너무 기분 좋아요.

선수에게 주는 코칭 tip

- 이미지 트레이닝은 도입부, 시각화훈련, 빠져나오기의 세 부분으로 구성된다.

- 도입부에서는 이완훈련을 적용한다. 긴장감 없이 편안하게 모든 감각을 느낄 수 있도록 준비한다.

- 선수들은 신체감각이 발달되어 있으므로, 시각화훈련을 할 때는 오감을 다양하게 활용하도록 한다.

- 시각화훈련은 느린 속도로 천천히 진행하고, 빠져나오기 부분에서는 빠른 속도로 진행한다.

우리는 살면서 무의식적으로 호흡을 하지만, 호흡을 의식적으로 바꾸면 멘탈을 강화하는 데 도움이 된다.

프로멘탈을 위한 호흡법 (1)

1 코로 숨을 깊고 크게 들이마신다.

2 들이마실 때 가슴과 상복부에 각각 손을 대본다.

3 들이마실 때 복부를 풍선이 부풀어 오른다는 느낌으로 부풀리고, 내쉴 때 풍선의 바람이 빠지는 것처럼 복부를 수축시킨다.

4 2~3초간 크게 숨을 들이쉬고, 1~2초는 숨을 참은 뒤, 4~5초간 천천히 숨을 내쉰다.

프로멘탈을 위한 호흡법 (2)

478호흡법은 대체의학 분야 권위자인 애리조나대학의 앤드류 웨일 박사가 불면증 극복을 위해 권장하는 호흡법으로, 긴장 완화와 멘탈 강화에 도움이 된다.

1   배를 부풀리며 4초간 코로 숨을 들이마신다.

2   이후 7초간 숨을 참는다.

3   그다음 배를 집어넣으며 8초간 입으로 숨을 내뱉는다.

다음 경기 준비하기

선수는 끊임없이 새로운 목표에 도전한다. 따라서 다음 경기에서 피크 퍼포먼스(Peak Performance)에 도달하기 위해서는 **지난 경기에서 발견한 것들을 연습을 통해 적용하고 습관화시켜야 한다.**

지난 경기란 지난 시즌일 수도 있고, 경기가 진행되는 동안 바로 직전의 세트가 될 수도 있다. 예를 들어 축구는 전반전, 야구는 9회 말의 경기 중 바로 전 경기, 볼링은 10게임 중 바로 전 게임이다.

선수 스스로 무엇을 잘했고 무엇을 개선해야 하는지 성찰(피드백)해야 한다. 매 경기마다 자신의 플레이에 대한 성찰을 습관화하여 의식하지 않아도 몸에 익숙하게 만들어야 한다.

"반성"과 "성찰"의 차이

반성은 잘못된 부분을 지적하는 다소 부정적인 의미를 가지는 반면, 성찰은 잘한 점과 개선해야 할 점을 찾아서 다시 도전할 수 있도록 하는 것에 목적이 있다.

선수가 경기에 대한 성찰을 할 때는, 자신의 플레이를 돌아보면서 경기력 향상을 위해 중요한 것이 무엇이 없고, 이것을 어떻게 다음 경기에 연결할 것인가에 대해서 발견하고 다시 도전하는 것을 주 목표로 한다.

다음 경기 준비(볼링선수 사례) 프로멘탈 코칭

1 가장 잘했던 경기는 언제인가?

10게임 중 3번째 게임

2 경기 내내 잘되었는가?

1게임과 8게임은 잘 안 되었어요.

3 잘했던 3게임과 잘 안 되었던 1, 8게임의 차이는 무엇인가?

1게임은 레인 파악이 잘 안 되었고, 3게임은 레인 파악을 잘했던 것 같아요.

8게임은 손이 좀 미끄러웠어요.

4 경기 중 최고의 상태와 그렇지 않은 상태는 구체적으로 무엇이 다른가?

최고의 상태는 레인 파악이 잘되어서 자신감이 있을 때예요.

그렇지 않을 때는 마음이 급해져요.

5 다시 도전한다면 잘 안 되어서 마음이 급해질 때 어떻게 해보고 싶은가?

심호흡을 하고 생각한 대로 거를 믿고 여유를 가지고 해야겠어요.

워크북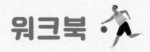

원하던 결과가 나왔을 때도, 나오지 않았을 때도 귀중한 결과·경험을 되돌아보고 다음 실전에 활용하기 위하여 다음의 질문에 답을 해보자!

1 다시 한번 해본다면 어떻게 하고 싶은가?

----

2 그것을 활용하여, 다음 실전을 준비한다면 어떻게 하면 좋을까?

----

3 내가 다르게 행동하려면 무엇이 필요한가?

----

4 내가 다르게 생각하려면 어떻게 해야 할까?

----

5 To do List를 작성하라.

- 개인적으로 해야 할 것

준비단계			집중력, 리스크관리, 적응력	사후성찰
1) 평소 연습	2) 시합 일주일	3) 시합 직전	4) 시합 중에	5) 시합 후에

- 지도자와 해야 할 것

준비단계			집중력, 리스크관리, 적응력	사후성찰
1) 평소 연습	2) 시합 일주일	3) 시합 직전	4) 시합 중에	5) 시합 후에

- 팀동료와 해야 할 것

준비단계			집중력, 리스크관리, 적응력	사후성찰
1) 평소 연습	2) 시합 일주일	3) 시합 직전	4) 시합 중에	5) 시합 후에

5

One Team, One Spirit, One Goal

최고의 팀은 무엇이 다른가?

'One Team'은 서로의 눈빛만 봐도 알 수 있을 정도로 협력과 집중력이 막강한 팀을 말한다.

'One Spirit'은 선수 전원이 승리를 향한 넘치는 의욕을 가지고 똘똘 뭉쳐 있는 것이다.

'One Goal'은 선수들의 목표와 팀의 목표가 모두 하나로 일치되어 있는 것이다.

팀은 선수들과 코칭스태프 및 관련 직원들을 모두 포함한다.

최고의 팀은 승리를 목표로 각자 맡은 임무를 충실히 수행하고, 목표달성을 위해 모두가 최선을 다해 협력적으로 행동하여 역동적인 분위기를 만든다. 이런 팀은 연습, 시합현장, 미팅, 평소의 생활에서도 함께 지내며 서로 신뢰하고 존중하고 협력한다.

이를 통해 선수 개개인은 도전 의욕이 샘솟아 '할 수 있다', '(도전)하고 싶다'는 생각을 하게 되고, 진정성 있는 커뮤니케이션도 가능해진다.

"조직을 승리로 이끄는 힘의 25%는 실력, 75%는 팀워크다."

- 미식축구 세인트루이스 팀 딕 버메일 감독

"팀워크가 가진 위대한 힘을 잊지 말라. 팀워크는 개인의 총합보다 더 큰 일을 할 수 있다."

- 휴렛패커드(HP) 첫 여성 CEO, 칼리 피오리나

"마음과 영혼을 쏟아 플레이하고 싸우는 팀은 꺾기 어렵다."

- 프리미어리그 우승팀 레스터 시티의 라니에르 감독

바람직한 팀 커뮤니케이션

팀 커뮤니케이션은 옳고 그름을 따지기보다 다름을 인정하고 존중하는 방식으로 진행하는 상호작용이다.

잘하면 칭찬을 하고, 실수를 하면 격려해준다. 칭찬을 받고 격려를 받은 선수는 상대에게 고마움을 표현한다.

물론 이렇게 서로 칭찬하고 응원해주는 분위기에 익숙하지 않은 이들도 있다. 특히 남자 선수들은 동료를 칭찬할 때도 쑥스러워하고, 칭찬을 받으면서도 어색해한다. 오히려 지적하고 충고할 때가 더 익숙한 것도 사실이다.
그러므로 서로서로 칭찬하는 연습이 필요하다. 나에게 힘이 되는 말이 무엇인지를 동료들에게 알려주는 것도 필요하다.

그리고 실수했을 때 명확한 피드백과 격려를 해준다면 같은 실수를 반복하지 않을 것이고, 팀 분위기는 자연히 끈끈해질 것이다.

'One Team'이 되기 위해서는 이와 같이 팀원 간의 좋은 관계성과 효과적인 커뮤니케이션이 반드시 필요하다.

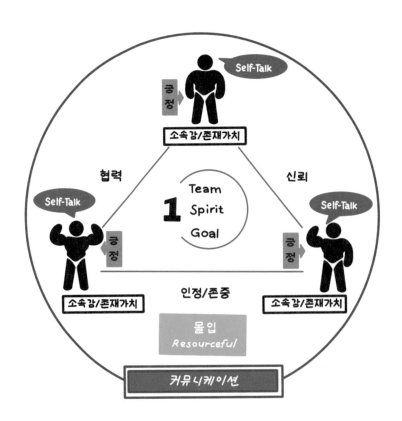

팀 커뮤니케이션이 좋아지면, 목표를 향해 도전하고 시너지가 넘치며 성장과 성과를 가속화시키는 팀이 될 수 있다. 그러나 팀원 간의 커뮤니케이션에 장애가 발생하면, 곧 심각한 갈등과 위기를 맞게 된다.

갈등은 다른 사람을 내가 원하는 방향으로 움직이고자 할 때나 내가 다른 사람의 의도에 맞게 행동하지 않을 때 발생한다. 이런 갈등의 해결을 위해서는 반드시 상대방과의 커뮤니케이션이 필요하다.

선수 개개인을 리소스풀 상태로!

최고의 팀이 되기 위해서는 평상시 선수들의 멘탈을 긍정적이고 안정적이며 협력적인 상태로 만들어야 한다. 이를 위해 기본적으로 필요한 것은 선수 개개인의 상태를 '언리소스풀 상태'에서 '리소스풀 상태'로 전환하는 것이다.

'언리소스풀(Unresourceful) 상태'는 잠을 잘 못 잤거나, 허기가 지거나, 에너지가 떨어졌거나, 몸이 찌뿌듯하거나, 바라는 대로 일이 안 풀리거나, 기분이 안 좋아서 뭘 해도 잘할 수 없는 상태를 말한다. 이 상태에 있는 선수는 대부분 **짜증, 조바심, 불안, 분노, 두려움, 초조함** 등을 느낀다.

'리소스풀(Resourceful) 상태'는 잠을 잘 자고, 맛있는 음식을 잘 먹고, 잘 쉬고, 에너지가 넘치고, 몸이 가볍고, 바라는 대로 일이 술술 풀리고, 기분이 날아갈 듯 상쾌해서 뭘 해도 잘할 수 있는 좋은 느낌을 가지는 상태를 말한다. 이 상태에 있는 선수의 멘탈은 **긍정적이고 안정적이며 협력적**이다.

'리소스풀 상태'에서 발전하여 극도로 안정된 멘탈 상태에 이르는 것이 바로 **'몰입'**이다. 몰입은 느끼고, 생각하고, 바라는 것이 하나가 된 상태이다.

'언리소스풀 상태'를 '리소스풀 상태'로 전환시키는 방법은 첫째, 긍정적으로 생각하기, 둘째, 긍정적인 말부터 먼저 하기, 셋째, 할 수 있는 일에 집중하기가 있다.

첫째, 긍정적으로 생각하기

'○○하지 않는다'가 아니라 '○○한다'라고 생각하는 연습을 한다.

'긴장하지 않겠다' 하고 생각하면, '하지 않겠다'라는 말을 떠올리는 순간 사람의 의식은 긴장을 하는 방향으로 가게 된다. 골프를 치면서 '공이 물에 빠지면 어떡하지?' 생각하며 공을 치면 이상하게도 공이 물에 빠지는 방향으로 날아가게 되는 경험을 많이 한다.

그러므로 평상시에 '○○하지 않는다'라는 생각 대신, 긍정적인 언어를 이용해 '○○한다'라고 생각하는 연습을 해야 한다.

둘째, 긍정적인 말부터 먼저 하기

일반적으로 우리는 어떤 상황에 대해서 생각부터 먼저 하고, 그 생각한 것을 말로 표현하고, 그 후에 그 말과 연결된 감정이 생기고, 결국 감정을 넣어서 행동을 하게 된다.

놀이기구를 타려는데 줄이 길게 서 있다고 해보자. 그 상황을 '생각'하면 짜증이 난다. 그러면 "왜 이렇게 사람이 많아?" "이러면 언제 탈 수 있다는 거야?"라는 '말'을 하게 된다. 짜증을 낸다고 달라지는 것은 없다. 오히려 기다리는 것이 더 지겹게 느껴질 뿐이다.

이 상황을 긍정적으로 바꾸려면, 그 상황에 대해 '생각'을 하기 전에 '말'부터 긍정적으로 먼저 하는 것이 좋다. 그러면 먼저 던진 말 때문에 '생각'도 '감정'도 긍정적으로 따라오게 된다.

못마땅하고 불편한 상황일 때, **"좋았어, 왜냐하면…."** **"그래! 좋아, 왜냐하면…."**이라고 말을 먼저 하고 나면 생각도, 감정도, 그리고 행동까지 긍정적으로 바뀌는 경험을 하게 된다.

선수는 연습이나 실제 경기에서 불편한 상황을 만났을 때, **"좋았어, 왜냐하면⋯." "그래! 좋아, 왜냐하면⋯." "어허, 흥미롭게 되었네. 왜냐하면⋯."** 이라는 긍정적인 말이 무의식적으로 곧바로 나올 수 있도록 평상시에 반복해서 연습을 해야 한다.

셋째, 할 수 있는 일에 집중하기

실제 경기와 관련된 것 중에는 선수가 '할 수 있는 일'과 '할 수 없는 일'이 있다. **날씨, 심판의 선정, 경기장 선택, 관중들의 목소리, 운동장 상태** 등은 선수가 어떻게 할 수 없는 일이다. 그럼에도 이러한 것들에 신경을 빼앗겨 영향을 받는다면 그 선수의 멘탈은 '언리소스풀(Unresourceful) 상태'에 있는 것이다.

만약 날씨, 운동장 상태를 보고 '이것을 오늘 경기에서 어떻게 잘 이용할까?' 혹은 '이런 상황에서 내가 할 수 있는 일 중, 더 에너지를 쏟을 일이 뭘까?'라고 생각한다면 그 선수의 멘탈은 '리소스풀(Resourceful) 상태'에 있는 것이라고 할 수 있다.

그러므로 평상시부터 선수 자신이 **할 수 있는 일**과 **할 수 없는 일**을 구분하고, 할 수 있는 일에 에너지를 집중하는 연습을 꾸준히 해야 한다.

할 수 있는 일에 집중하기

- 하고 있는 생각이나 걱정들을 적어보자.
- 그것을 내가 할 수 없는 것과 할 수 있는 것으로 구분해보자.
- 할 수 없는 것임이 확인되면 생각이나 걱정의 대상에서 지워버린다.
- 할 수 있는 것임이 확인되면 이제부터 할 수 있는 것에 집중하라.
- 할 수 있는 것에 에너지를 쏟도록 하자.

"두려움을 용기로 바꿀 수만 있다면"

우리나라 영화 중 가장 많은 관객(1761만)을 동원한 영화, 〈명량〉.
영화 속 이순신 장군의 명대사가 있다.
"두려움을 용기로 바꿀 수만 있다면…."

아무리 뛰어난 전략이라도 선수 개개인의 심리적인 부담을 떨치지 못한다면 승리는 쉽지 않다. 그렇기 때문에 선수들은 영화 〈명량〉의 조선 수군처럼, 승리를 위해 '팀(One Team)이 가진 하나의 정신(One Spirit)으로 목표(One Goal)를 모두의 마음에 새기며' 팀 승리를 위해 최선을 다해 노력하는 것이다.

워크북

1   팀의 커뮤니케이션은 어느 수준인가? 5점 만점에 몇 점인가?

- 어떤 상황을 반영해서 그 점수를 준 것인가?

- 점수를 (1점만) 더 높이기 위해서는 무엇을 해야 할까?

- 그중에서 가장 먼저 해야 할 것은 무엇인가?

----

2 나와 가장 커뮤니케이션이 잘되는 사람은 누구인가?

- 어떤 점 때문에 잘되는가?

- 지금보다 좀 더 소통이 잘되려면 어떤 것을 더 하면 좋을까?

- 이 중에서 내가 가장 먼저 시도해볼 만한 일은 무엇인가?

3 가장 커뮤니케이션이 안 되는 사람은 누구인가?

- 어떤 점 때문에 잘 안 되는가?

- 지금보다 소통이 좀 더 잘되게 하기 위해 어떤 것을 하면 좋을까?

- 특히 내가 좀 더 노력/개선해야 할 것이 있다면 무엇인가?

- 이 중에서 내가 가장 먼저 시도해볼 만한 일은 무엇인가?

----

4 팀에서 동료 선수들의 플레이 스타일에 대해 잘 알고 있는가?

- 어떤 방법을 통해서 얼마나 알고 있는가?

- 더 좋은 팀 플레이를 위한 동료 선수와의 소통은 어떻게 하고 있는가?

- 이 부분에서 내가 변화/개선해야 할 점이 있다면 무엇인가?

133

선수에게 주는 코칭 tip

매일 함께 연습하며 붙어 있는 선수들이기 때문에 '내가 굳이 말하지 않아도 알겠지…' 하는 생각으로 제대로 커뮤니케이션을 하지 않는 경우가 많다. 그렇지만 실제로 커뮤니케이션을 하지 않으면 매일 옆에 있어도 서로에 대해 전혀 모르는 상태에 머물러 있게 된다.

• 듣는 기술

1 상대방의 이야기를 들을 때는 '평가'하지 않는다.

2 상대방이 편안하게 말할 수 있는 분위기를 만든다.

3 이야기의 내용에 따라 적절한 표정과 자세를 취한다.

• 말하는 기술

1 '불평'하지 말고 '요청'한다.

(불평하기) "일부러 실수한 것도 아닌데, 왜 화를 내는 거야?"

(요청하기) "제가 실수했을 때는 어느 부분을 고쳐야 할지 알려주세요."

2 'You' 메시지가 아닌 'I' 메시지로 말한다.

(You 메시지) "너는 정말 형편없는 선수구나."

(I 메시지) "네가 그렇게 플레이를 하니(행동), 혹시라도 관중들에게 욕을 먹을까 봐(결과),

내가 속상하다(느낌)."

3 'Yes, but'이 아닌 'Yes, and'로 표현한다.

(Yes-but) "그래 맞아, 그런데(그렇지만)…."

(Yes-and) "그래 맞아, 그리고(거기에다가)…."

하나의 목표!

2018년 아시안게임 축구 결승전에서 우리나라는 일본을 이기고 승리를 거머쥐
었다.
경기 전, 주장 손흥민은 선수들과 어깨를 붙잡고 파이팅을 외치며 이렇게 말했다.

"어떤 팀이 됐건 우린 최선을 다해 이기는 거야. 경기 뛰는 사람, 안 뛰
는 사람 모두가 다 하나가 되는 거야!"

이렇게 팀의 목표를 이루려는 마음이 하나가 되고, 각자의 임무에 책임을 다하며, 동료에게 조금이라도 도움이 되기 위해 최선의 노력을 다하였기 때문에 승리할 수 있었던 것이다.

스포츠 선수들은 전투에 임하는 '전사'처럼 승리를 위해 최선을 다한다.
최고의 팀은 원인을 따지기보다는 목적과 목표에 집중한다.

스포츠는 종목에 따라서 단체경기와 개인경기로 나뉘지만, 선수들이 연습과 실제 경기를 혼자가 아닌 팀원과 함께 하나의 목표(One Goal)를 향해 간다는 점은 똑같다.
선수들이 모두 하나의 목표를 향해 매진하려면, 팀의 목표를 정하는 일부터 실행 계획 수립, 일정 점검 등을 함께 하고 그 내용을 공유하는 활동이 필요하다.

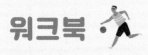

팀원들과 함께 'T. L.(Time Line)'

1 지금 우리 팀은 어떤 상황인가?

----

2 우리 팀이 원하는 미래(목표)는 무엇인가?

----

3 현재 날짜가 쓰여 있는 자리에서 미래의 날짜가 쓰여 있는 자리를 바라보자.
어떤 느낌이 드는가?

----

4 원하는 보폭으로 미래의 날짜가 적힌 곳으로 함께 걸어가 보자.
이제 우리 팀은 타임머신을 타고 원하는 목표를 이룬 미래에 도착했다.
무엇이 보이는가? 무엇이 들리는가? 어떤 것이 느껴지는가?

----

5 지금 보이고 들리고 느껴지는 것들을 좀 더 생생하게 그려보자. 어떤 마음이 드는가?

---

6 목표를 이룬 미래의 내가(각자) 걱정하고 있는 현재의 나에게 조언을 해준다면, 뭐라고 얘기해 주고 싶은가?

---

7 자, 다시 시간을 느끼면서 함께 걸어서 현재의 위치로 가보자.
미래의 내가(각자) 현재의 나에게 한 조언을 지금 돌아와서 듣게 된다면 어떤 생각이 들까? 뭐라고 답하고 싶은가?

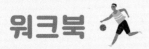

팀 그라운드 룰 만들기

팀의 규칙을 만들 때 일방적이고 지시적인 것이 아니라 자발적이고 참여적인 분위기로 팀 시너지에 도움이 되는 그라운드 룰을 만든다.

1 우리 팀의 강점/장점 칭찬 릴레이를 한다.

----

2 우리 팀의 핵심가치 찾기

- 우리는 어떤 팀이 되고 싶은가?

----

3 그렇게 하기 위해서 필요한 것은?

- 포스트잇에 생각나는 대로 각자 적는다. (10개 이상)

- 비슷한 내용끼리 3~4개 정도의 카테고리로 나누어서 그룹핑을 한다.

- 그룹핑을 한 것에 제목을 붙인다.

----

4 그것이 다 이루어진 모습을 상상하고 어떤 모습인지 서로 이야기를 나눈다.

---

5 그런 팀이 되기 위해서 선수 각자가 자신이 할 수 있는 것을 발표한다.

---

6 최고의 팀이 된 모습을 느끼고 서로 격려한다.

워크북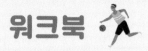

팀 미팅 – 지난 경기 리뷰(발전을 위한 성찰의 시간)

1 지난 경기에서 우리 팀이 잘한 것은? (3개 이상)

----

2 지난 경기에서 내가 잘한 것은?

----

3 같은 경기를 다시 한다면 무엇을 다르게 해보고 싶은가?

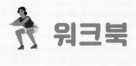

팀 미팅 - 팀의 성장발전 방안

1 우리 팀이 잘한 것은?

_____
_____
_____
_____

2 팀의 강점/장점은 무엇인가?

_____
_____
_____
_____

3 팀이 가장 성공적이었던 때 혹은 가장 큰 성취감을 느꼈던 때는 언제였는가?

_____
_____
_____
_____
_____

4 다른 사람들은 우리 팀이 어떤 능력을 가지고 있는 팀이라고 말하는가?

- 혹은, 다른 사람들은 우리 팀이 'ㅇㅇㅇ한 팀'이라고 하는데 어떻게 생각하는가?

----

5 어떤 능력을 가진 팀이 되고 싶은가?

- 이를 위해 필요한 것/강화해야 할 것/보완해야 할 것은 무엇이라고 생각하는가?

----

6 현재 본인 팀의 팀 분위기는 어느 수준인가?

- 10점 만점에 몇 점인가?

- 어떤 상황을 반영해서 그 점수를 준 것인가?

- 점수를 더 높이기 위해서는 무엇을 해야 할까? (1점만 더 높이고 싶다면?)

- 그중에서 가장 먼저 해야 할 것은 무엇인가?

- 그럴 때 나는 어떻게(무엇을) 해야 할까?

----

7 팀 분위기가 현재 최고 수준이라면 미래의 더 좋은 팀 분위기를 위해서 무엇을 더 하면 좋을까?

- 그중에서 가장 먼저 해야 할 것은 무엇인가?

One Team,
One Spirit,
One Goal!

혹시 스포츠신문에서 '오늘의 운세'를 본 기억이 있는가? 요즘이야 앱을 통해서도 쉽게 접할 수 있지만, 예전에는 좋은 기운으로 하루를 시작하고 싶어 신문을 펼치며 비밀의 문을 여는 마음으로 살며시 '오늘의 운세' 란을 들추곤 했다. 좋은 내용이면 기분이 좋아지고, 그렇지 않으면 실망한 표정을 지으면서 말이다.

왜 그날그날의 일상을 신문 한 귀퉁이의 운세에 의지한 것일까? 그것은 아마도 인간이 가진 기본적인 불안감 때문일 것이다. 알지 못하는 미래를 조금이라도 미리 알고 준비하고 싶은 인간의 마음 때문이 아닐까?

심리적으로 불안할 때는 누군가에게 조언을 듣고자 찾아가게 되고, 경제가 어려워지고 실업률이 높아지면 복권 판매량이 증가한다고 한다. 불확실한 미래를 어딘가에 의존하게 되는 것이다.

지금을 불확실한 시대, '뷰카 시대'라고 한다.

뷰카(VUCA)란 변동성(Volatility), 불확실성(Uncertainty), 복잡성(Complexity), 모호성(Ambiguity)의 첫 글자들을 조합한 말이다. 본래는 군사용어로, 전쟁터의 예측할 수 없고 변화무쌍한 상황을 표현하면서 처음 사용되었다고 한다.

특히 2020년에는 코로나19 사태를 누구도 예측하지 못했고, 어떻게 대처해야 할지 알 수 없는 상황에서 지구촌 전체가 '멘붕'에 빠졌다. 4년을, 아니, 평생을 올림픽을 준비하며 금메달을 향해 달려온 선수들은 어떠한가? 올림픽 연기라는 초유의 사태 앞에서 선수들이 할 수 있는 것은 아무것도 없었다.

극심한 변화와 불확실성, 그리고 복잡함과 모호함 때문에 우리는 어떤 행동을 취해야 할지 의사결정을 내리지 못하는 혼란에 빠지게 된다. 행동으로 옮겼을 때 발생하는 모든 상황에 대한 책임은 온전히 의사결정을 내린 사람이 짊어져야 한다. 누구도 움직이기 쉽지 않은 진퇴양난의 상황인 것이다.

하지만 그 상황을 지켜만 보고 있다면 어떤 일이 벌어질까?

링크드인의 설립자 리드 호프만은 스탠퍼드대학교 스타트업 특강에서 '블리츠 스케일링(BLITZ-SCALING, 기습 확장)'을 언급하며, 격변하는 오늘날의 시장 상황에서 신중하고 느리게 접근하는 것은 위험과 비용이 더 크기 때문에, 빠른 속도로 사업을 성장시켜 시장을 선점하고 경쟁자들을 제거하는 것이 중요하다고 말했다.

스포츠 세계에서는 비즈니스보다 훨씬 더 빠르고 급변하는 상황을 맞이하게 된다. 실제 경기 중에 발생하는 상황은 복잡하고 예측할 수 없다. 너무도 많은 내적·외적 변수가 존재하기 때문에 빠르게 행동하지 않으면 무너지고 만다. 따라서 복잡할수록 단순하게, 모호한 상황에서는 승리를 위해 필요한 최소한의 변수들을 명확히 구분해서 행동해야만 한다. 이때 선수들에게 필요한 것이 '프로멘탈'이다.

어떤 종목이든 프로 리그에 출전할 정도의 실력을 갖춘 선수들, 특히 그 가운데 상위권에 있는 선수들이라면 기량은 크게 차이가 나지 않는다고 한다. 이때는 누구와 경기를 하는지, 그날그날의 컨디션은 어떤지, 자신만의 패턴을 잘 유지하고 있는지 등등 경기 결과에 영향을 미치는 다양한 요소들이 매우 중요해진다.
따라서 선수들은 실제 경기에 임하기 전 자신의 내면을 가다듬는 '자기와의 대화'가 필요하고, 프로멘탈을 통해 최고의 실력을 발휘할 수 있어야 한다. 이것이 바로 한국스포츠멘탈코칭개발원이 선수들에게 도움이 되었으면 하는 바람으로 출간하게 된 이 책의 목적이다.

6명의 공동 집필자들이 오랜 시간 동안 자신의 지식과 경험을 쏟아내었다. 자료를 검토하고 토론하며 여러 번의 시행착오를 거쳐 '우리 팀(One Team)이 가진 하나의 정신(One Spirit)으로 목표(One Goal)를 마음에 새기며' 최선을 다해 노력했다.

"좀 더 쉽게"

"좀 더 단순하게"

"좀 더 강력하게"

이러한 목표를 가지고 책을 집필했다.

선수들이 이 책을 충분히 활용하여, 자신과의 대화를 통해 원하는 미래를 모두 이룰 수 있기를 바란다. 불확실한 상황에서도 빠르고 냉철한 행동으로 승리를 맛보기를 간절히 바란다.

살아 있는 스포츠 현장에서 모든 선수가 '프로멘탈'을 통해 즐기며 운동할 수 있게 되기를, 한국스포츠멘탈코칭개발원은 언제나 응원한다.

부록

베스트
퍼포먼스를 위한
셀프코칭 질문

훈련·경기 목표 설정

1. 지금의 모습에서 어떤 것이 더 나아지면 좋을까?

2. 그것이 어떻게 해결되기를 원하는가?

3. 그것이 해결된 상태는 어떤 모습인가?

4. 그것이 해결되면 어떤 점이 좋은가?

5. 현재 가장 변화시키고(성취하고) 싶은 것은 무엇인가?

목표 너머의 목표 — 궁극적인 목표 확인

1. 그것(훈련목표 or 경기목표)이 달성되면 나에게 어떤 의미가 있는가?

2. 그것이 달성되면 나의 인생에서 어떤 점이 달라지는가?

3. 그것이 달성되었다고 생각하고 그때의 기분을 말해보자.

4. 5년 후의 내가 지금의 나에게 조언을 해준다면 뭐라고 할까?

5. 내가 진심으로 원하는 것은 무엇인가?

6. 그 목표가 이루어진 것은 나에게 어떤 의미가 있는가?

7. 무엇을 보면 목표가 이루어졌다고 할 수 있는가?

현실 점검

1. 현재 상태(경기력 또는 실전력)는 어떠한가?

2. 어떤 어려움이 있는가?

3. 그것을 해결하기 위해 지금까지 어떤 노력을 했는가?

4. 지금까지 어떤 것이 효과가 있었는가?

5. 나의 현재의 삶에 점수를 매겨본다면 1~10점 중 몇 점인가?

6. 이제 더 이상 하고 싶지 않은 것이 있다면 무엇인가?

7. 문제를 해결하기 위해 나는 무엇을 시도해보았는가?

8. 기대하는 목표에서 현재를 볼 때 무엇이 가장 부족한가?

9. 그와 같은 상황이 발생하는 가장 핵심적인 원인은 무엇인가?

10. 이대로 계속된다면 어떤 상황이 벌어질 것이라고 생각하는가?

대안 탐구하기

1. 만약 절대로 실패하지 않는다면 무엇을 해보고 싶은가?

2. 이 상황을 10년 후에 돌이켜 본다면 무엇을 해보고 싶을까?

3. 이 분야의 전문가(베스트 플레이어)는 이럴 때 어떻게 할까?

4. 만약 나의 절친한 친구가 이런 상황에 놓여 있다면 뭐라고 조언해줄까?

5. 내가 크게 성공해서 인터뷰를 한다면, 나의 성공비결은 무엇이라고 말하겠는가?

6. 나의 80세 생일파티의 모습을 묘사해보자.

7. 그것을 어떤 방법으로 실행에 옮길 수 있는가?

8. 내 힘으로 변화시킬 수 있는 것은 무엇인가?

9. 지금 상황 대신 내가 원하는 상황 또는 내가 원하는 감정은 무엇인가?

10. 목표를 이루기 위해 내가 가지고 있는 자원은 무엇인가?

11. 내가 가지고 있는 자원(능력)이 목표를 이루는 데 어떤 도움이 되는가?

12. 목표달성을 위해 내가 선택할 수 있는 대안들은 무엇인가?

13. 존경하는 분이 있는가? 그분이라면 어떻게 했을까? (어떤 대안을 내놓았을까?)

14. 다시 할 수 있다면, 무엇을 바꾸어보고 싶은가?

실행의지 확인

1. 지금까지 이야기한 것 중 어떤 것이 특히 중요하다고 생각되는가?

2. 어떤 것이 현실적이라고 생각되는가?

3. 무엇을 실천해보고 싶은가?

4. 예상되는 장애는 무엇인가?

5. 그것을 어떻게 해결하겠는가?

6. 언제까지 하겠는가?

7. 내가 이 계획을 성공적으로 실행했다는 것을 어떻게 알 수 있을까?

8. 이 계획을 달성하고 나면 스스로에게 어떤 보상을 하겠는가?

9. 이 계획을 성공하기 위해 코치의 도움이 필요한 부분이 있는가?

10. 그중 가장 먼저 할 수 있는 일은 무엇인가? (언제, 무엇을, 어떻게?)

11. 그 방안을 실행하고자 하는 의지는 어느 정도인가? (1~10)

12. 방해요인을 제거하기 위한 방법으로는 어떤 것이 있는가?

13. 무엇을 보면 오늘의 실천계획이 성공했음을 알 수 있는가?

노력

1. 지금까지 노력해서 성공한 것은 무엇인가?

2. 그 노력을 두 배로 올리기 위해 새롭게 시도할 것은 무엇인가?

3. 그것을 위해 할 수 있는 새로운 전략은 무엇인가?

4. 그렇게 노력하고 나서 3년 후에는 어떻게 달라질까?

5. 그러려면 어떤 것을 바꾸어야 하는가?

6. 그것을 위해 생각할 수 있는 새로운 방법(변화, 새로운 코스) 10가지는?

이 책의 집필진

이영실

스포츠 멘탈코치 / 교육학 박사
한국코치협회 인증 프로코치 KPC
국제코칭연맹(ICF) 인증 프로코치 PCC
NLP Master Practitioner
숭실대학교 겸임교수
- 국가대표 여자 컬링팀 멘탈코칭
  (평창 동계올림픽 은메달 획득)
- 국가대표 볼링 류서연 선수 멘탈코칭
  (아시안게임 금메달 획득)
- 프로구단·국가대표 선수 및 지도자 멘탈코칭

김헌수

스포츠 멘탈코치 / 공학 박사
한국코치협회 인증 프로코치 KPC
국제코칭연맹(ICF) 인증 프로코치 PCC
아주대 경영대학원 겸임교수
전(前) 삼성SDI 연구소장
- KPGA 선수 코칭 / 고교 야구 선수 코칭
- 기업 CEO·임원·간부 비즈니스 코칭

김동기

스포츠 멘탈코치 / 경영학 박사
한국코치협회 인증코치
아주대 경영대학원 최고경영자과정 지도교수
- KLPGA 선수 코칭 / 고교 야구 선수 코칭
- 기업 CEO·임원 비즈니스 코칭 / 공부 멘탈코칭
- 《아빠 10분 대화》, 《부모의 대화습관이 아이의
  말을 결정한다》 등 출간

이옥희

스포츠 멘탈코치 / 경영학 박사과정
협상 전문가
엘제이테크(주) 대표이사
(재)경기중소기업연합회 여성위원장
- 고교 야구 선수 코칭
- 기업 CEO·임원 비즈니스 코칭

백소라

스포츠 멘탈코치 / 물류학 박사
인하대 물류전문대학원 겸임교수
중국 정저우 수리수전대학교 교환교수
- 고교 야구 선수 코칭
- 비즈니스 코칭
- EBS TV 강사 및 저자

한정현

스포츠 멘탈코치 / 경영학 박사
한국코치협회 인증코치
한국중재협회 협상전문가(1급)
NLP Master Practitioner
NCS능력단위개발위원
한국교통대학교 겸임교수
- KLPGA 선수 코칭 / 아이돌그룹 멘탈코칭
- 키움 히어로즈 선수 멘탈코칭 / 고교 야구 선수 코칭
- 기업 임원 비즈니스 코칭 / 커리어 멘탈코칭
- 《금융권 취업 비법》 외 다수 출간

마음 근육을 길러주는 스포츠 멘탈코칭

프로멘탈

초판 1쇄 발행 2020년 11월 10일

지은이 이영실, 김헌수, 김동기, 이옥희, 백소라, 한정현
발행처 예미
발행인 박진희, 황부현

출판등록 2018년 5월 10일(제2018-000084호)

주소 경기도 고양시 일산서구 중앙로 1568 하성프라자 601호
전화 031)917-7279   **팩스** 031)918-3088
전자우편 yemmibooks@naver.com

ⓒ이영실, 김헌수, 김동기, 이옥희, 백소라, 한정현, 2020

ISBN 979-11-89877-40-8 03190

이 도서의 국립중앙도서관 출판예정도서목록(CIP)은 서지정보유통지원시스템 홈페이지
(http://seoji.nl.go.kr)와 국가자료공동목록시스템(http://www.nl.go.kr/kolisnet)에서
이용하실 수 있습니다. (CIP제어번호 : CIP2020045499)